极简表达

让人一听就懂的沟通技巧

王海亮◎著

SPM
南方出版传媒
广东经济出版社
·广州·

图书在版编目（CIP）数据

极简表达：让人一听就懂的沟通技巧 / 王海亮著. —广州 ：广东经济出版社，2020.3
ISBN 978－7－5454－7080－2

Ⅰ. ①极… Ⅱ. ①王… Ⅲ. ①语言表达－通俗读物 Ⅳ. ①H0－49

中国版本图书馆 CIP 数据核字（2019）第 274221 号

出 版 人：李 鹏
责任编辑：蒋先润
责任技编：陆俊帆

极简表达：让人一听就懂的沟通技巧
Jijian Biaoda：Rang Ren Yi Ting Jiu Dong De Goutong Jiqiao

出版发行	广东经济出版社（广州市环市东路水荫路 11 号 11～12 楼）
经　　销	全国新华书店
印　　刷	佛山市浩文彩色印刷有限公司 （广东省佛山市南海狮山科技工业园 A 区兴旺路 6 号）
开　　本	730 毫米×1020 毫米 1/16
印　　张	14.25
字　　数	214 千字
版　　次	2020 年 3 月第 1 版
印　　次	2020 年 3 月第 1 次
书　　号	ISBN 978－7－5454－7080－2
定　　价	45.00 元

广东经济出版社网址：http://www.gebook.com　微博：http://e.weibo.com/gebook
图书营销中心地址：广州市环市东路水荫路 11 号 11 楼
电话：（020）87393830　邮政编码：510075
如发现印装质量问题，影响阅读，请与承印厂联系调换
广东经济出版社常年法律顾问：胡志海律师

PREFACE / # 序　言

时间有限，表达必须简练

如果上天只赐予你一项高超的技能，你会选择哪项技能？比如英语、编程、驾车、理财、跳舞、唱歌、游泳等任何你想得到的技能。如果让我选，我会选择简单表达。因为人活在世界上，必须和别人沟通。人要生活，要工作，要社交，要恋爱、结婚，这就注定人要和周围的人打交道。而与人打交道就不得不去沟通，不得不去表达自己的想法。

得到 App 创始人罗振宇在《奇葩说》中说过："职场，或者说当代社会，最重要的能力就是表达能力。"因为别人定义你最普遍的方式，就是通过你说出来的话。如果你善于表达，懂得展现自我，你就会成为那个最光彩夺目的人。

我们每天都在说话，每天都在表达，但是，真正光彩夺目的人只是少数。为什么？因为大多数人没有把自己练成简单表达的高手。说话啰唆、爱绕弯子、重点不明、条理不清、逻辑混乱、不够精准、缺少生动、不讨人喜欢等，是大多数人的不足。

公司开会时，领导突然让你总结一下近期的工作成果。你毫无准备，不知道从何说起；或有所准备，但是重点不突出，讲了半天都没讲清楚自己的工作成果。尽管你在工作中表现突出，取得了不错的成绩，可是领导看不到，于是你很难被领导欣赏和提拔。

接洽客户时，对方突然丢出一个问题，你一时语塞，不知道怎么回答；或知道客户的问题是什么意思，但是表达不清，重点不明，讲了半天，客户都没听懂，给客户留下了不好的印象，一个很有实力的潜在客户就此流失。

在日常工作中，同事问你问题，你答不到点子上；向上级汇报工作，废话太多，上司嫌你啰唆；甚至打个电话，通知一个消息，你也不能直击重点，让人听了很不耐烦。

要知道，时间就是金钱，时间就是生命。在当今这个快节奏的时代，大家都很忙，没有人拥有充裕的时间和足够的耐心听你絮絮叨叨、啰啰唆唆。如果你做不到简单表达，就别怪别人不给你机会，也别抱怨自己运气不佳。

以求职面试为例，面试官让你简单介绍一下自己，可你介绍了一堆，说的却不是面试官最想知道的信息。面试官让你说说过去工作中的主要成就，你却做不到言简意赅、条理清晰地表达。试问，面试官对你还有好感吗？

我们所有的言语活动都是在一定的时间内进行的。如果时间充裕，那么，闲话家常，天南海北地瞎聊也未尝不可。但是，当时间有限时，你就必须确保话题集中，话语简洁明了，只说重点。这是对听众的基本尊重，也会换来听众的尊重和好感。

美国第34任总统艾森豪威尔曾担任过哥伦比亚大学校长，他经常出席集会，并发表演说。有一次，他在集会上最后一个发言，由于前几位演讲者都是长篇大论，以至于当他上台时，时间已经不早了。

艾森豪威尔早已觉察到台下听众们流露出的不耐烦的情绪，于是他舍弃了事先准备的演讲内容，用简短的话语说："每一篇演说不管它是书面形式的，或是其他形式的，都应该有标点符号。今天晚上，我就是标点符号中的句号。"

话音刚落，听众们便报以热烈的掌声。

事后，艾森豪威尔认为这是他最成功的一次演说。

为什么听众感觉好？为什么艾森豪威尔也感觉好？因为在极短的时间内，

在听众不耐烦的情况下，即使再精彩的长篇大论，也没有人愿意听。而艾森豪威尔简短的演说，既完成了自己的演说任务，又为大家节省了时间，合了大家的心意。

所以，你可以做不到伶牙俐齿，但你必须做到简单表达；你可以言语不多，但你只要开口，就应该尽可能说到点子上；你现在可以不是表达高手，但你必须重视简单表达能力的刻意练习。如果你拒绝改变，那么你就只能在沉默中变得暗淡无光，因为光芒永远只留给那些善于展现自我的人。

CONTENTS / 目　录

第 1 章

聚焦：主题明确，让人明白你想说什么 / 1

没有主题聚焦谈什么简单表达 / 2

主题聚焦不为人知的三大好处 / 6

紧密围绕谈话目标定主题 / 9

一次最好只聚焦一个主题 / 13

确定先说什么，后说什么 / 16

围绕主题营造沟通氛围 / 20

针对主题做个简单的表达练习 / 24

第 2 章

重点：重点的一句话和重要的一些话 / 29

90% 的低效沟通源于没有重点 / 30

永远保持结论先行 / 33

找出关键词 / 37

把不必要的内容过滤掉 / 41

先说重点的一句话，再说重要的一些话 / 45

30 秒电梯理论：在 30 秒内充分表达出重点 / 49

别把工作汇报变成老太太的裹脚布 / 53

第 3 章

直接：能直截了当地说就不要绕弯子 / 57

表达的曲线路径与直线路径（绕弯 vs 直接）/ 58

简单表达首先就要开门见山 / 62

直奔主题前的铺垫尽量少一点 / 66

不要害怕直接，多点真诚就好 / 70

“中转环节”能不要就不要 / 73

用正面语态去表情达意 / 77

直接并非不顾及他人的面子和感受 / 81

第 4 章

简洁：精简内容，让你的表达更有价值 / 85

废话是简洁的最大敌人 / 86

啰唆的表达招人烦 / 90

不简洁有时是因为缺乏概括能力 / 95

任何复杂的问题都可以讲三点 / 99

140 个字的惊人力量 / 103

再简洁也得把话说清楚 / 106

第 5 章

条理：用逻辑思维做井然有序的表达 / 109

简单表达的五种逻辑结构 / 110

三段论让你的表达更严谨 / 115

用“空・雨・伞”理论增强说服力 / 119

IREP 表达法：主张 + 根据 + 案例 + 总结 / 122

SCQA 模型：结构化表达的工具 / 126

把理由归纳成组，更加清晰明了 / 131

第 6 章

精准：措辞准确，让你的表达直抵人心 / 135

说得准，才能说得清、讲得透 / 136

用词不恰当，表达语义难精准 / 139

表达越具体越容易理解 / 144

找准突破口，为简单表达扫清障碍 / 147

违背个人原则的问题要明确说“不” / 151

不要小瞧停顿里的门道 / 156

第 7 章

生动：让人能够“看到”你说的话 / 161

“看得到”的表达最能打动人 / 162

用“五觉”让你的表达有画面感 / 166

为什么表达高手都喜欢讲故事 / 170

巧比喻妙比方，让抽象的东西活灵活现 / 174

画个草图，提升你“纸上谈兵”的能力 / 177

好花也要绿叶配，好话也要体态语来补充 / 181

多举例子能让你的表达事半功倍 / 185

第 8 章

迎合：会表达的人总能让人感到舒服 / 189

开口之前，先看对方的脾气秉性 / 190

简单表达需要考虑“男女有别” / 194

并非所有的话都是老少皆宜的 / 198

长点心！别干扫人兴致的傻事 / 202

一口一个专业术语，小心没朋友 / 206

认真倾听是对他人最好的迎合 / 210

用得体的结束语给交谈画上句号 / 214

第1章

聚焦：主题明确，让人明白你想说什么

与人沟通时，为了让别人明白你想说什么，你必须清楚明白地说出主题，即你所想表达的主要内容。如果做不到这点，别人就会听得云里雾里，不明白你的意思。更不利的是，别人还可能误解你的意思，给沟通制造障碍。所以，事先做好主题聚焦，确保沟通时主题明确是关键的第一步。

没有主题聚焦谈什么简单表达

在我们身边，经常有人把沟通当成闲聊，聊着聊着，就忘记了自己要表达的主题，忘记了自己沟通的目的。最后，费了很多口舌，说了很多话，却只是白白浪费时间，所沟通的问题或事情依然没有进展。

“同志们，今天我跟大家简单讲讲近期的工作。上周我们做了两次微信营销活动，第一次是做一家服装公司的营销活动，第二次是做一家饭店的营销活动。这两次活动，反响都很一般，现在微信点赞、抽奖活动的效果越来越差了，还有很多人刷票、刷奖品，这些人真讨厌……微信公众号的影响力也越来越不行，浏览量每天都在下降，也不知道现在什么媒介做营销活动效果好……”

这是一家营销公司的项目主管在部门会议上的讲话，可是，听他讲了那么多，大家都不知道他想表达什么意思。因为沟通一开始，他就没有明确一个沟通主题，没有主题而导致这次沟通漫长又无效。

大家也不知道他开会时讲这些话有什么目的，到底是为了解决什么问题。这个沟通是一个流水账式的沟通，一直在陈述问题，而且是带着消极抱怨的态度陈述问题，根本就没有解决问题的中心论点。试问，这样的表达怎么可能让工作顺利开展？

任何形式的沟通，要想取得好的效果，都要围绕一个主题去展开，主题就是沟通的主要内容，是沟通的中心点。哪怕是见面寒暄、谈天气、谈眼前景致，甚至谈论当下发生的某件事，这些看似简单的谈话，看似没有明确的主题，但也是有目的的，那就是交流感情、维护双方的关系。

所以，与人沟通之前，一定要思考几个问题：我要和对方沟通什么话题？主题是什么？想要达到什么样的目的？话题就是谈论的内容，主题就是谈论的焦点，即重点内容。话题可以随机、分散，但主题一定要集中、明确。

要想做到主题明确，就要学会主题聚焦。这就像拿着一块磁铁，将随意丢弃在地上的铁钉、铁片和零件全部吸附到一起，地上瞬间就会变得整洁起来一样。沟通也是如此，当你学会了主题聚焦，你的表达就会变得简洁有序，沟通就会变得简单高效。

那么，怎样才叫主题聚焦？什么样的主题才叫集中、明确、突出呢？我们可以用三个标准去判断，如图 1－1 所示。

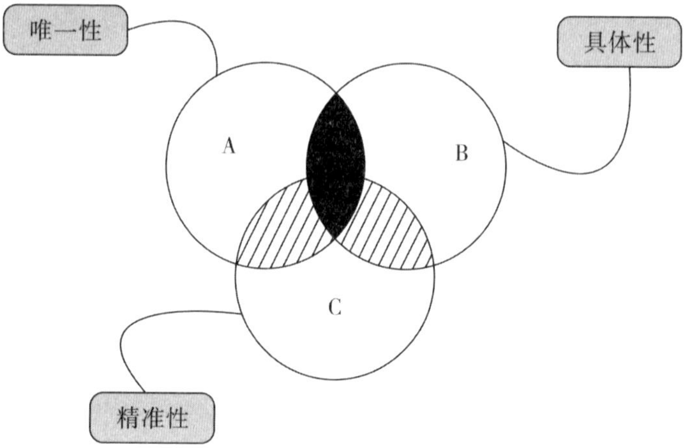

图 1－1　主题聚焦的三个标准

（1）唯一性：你所表达的主题最好是唯一的，主题太多等于没主题

主题要集中、明确、突出，最直接的理解就是主题是唯一的，而不能有多个。不知你是否听过领导人讲话：“今天我要谈论的重点问题有五个，一是……二是……”这看似主题比较明确，但是犯了“主题太多”的毛病，而主题太多等于没主题，重点太多等于没重点。因此，一定要避免主题太多的问题。

真正的聚焦是具有唯一性的，它只有一个中心，只有一个重点，就像水里的旋涡，当它形成一个旋涡时，威力才是最大的。当然，最重要的主题下面，可以有多个小主题。就像我们开会时候做的PPT，除了一个大标题迎合本次会议主题外，PPT目录中的各个小标题就是大标题的组成元素，或者叫作论点，它们起到支撑大标题的作用。各个小主题、论点必须紧紧围绕大主题展开，切勿跑偏。否则，就不符合主题聚焦的原则。

（2）**具体性：你所表达的主题应该是具体的，而不是空洞的**

“今天开会，我们来聊聊公司怎么发展的问题，欢迎大家踊跃发言，献计献策！”这是某公司总经理在公司会议上的讲话。大家听到“公司怎么发展”这个话题后，很可能脑子里一片空白，不知道该从何说起。为什么我会这样说呢？

因为这是一个大而全的、空洞的主题，公司怎么发展，是个复杂而空泛的问题，到底该从哪里讲呢？是从生产方面谈，还是从营销方面谈，或是从管理方面谈？这样空泛、空洞的主题，意味着这次会议将变成一次日常聊天，高效是不可能的。

正确的做法，是对这个主题进行聚焦，确保主题具体，这样大家才能提出具体的建议。比如，“去年我们公司的业绩下滑得厉害，下滑的主要原因是大客户不断流失。今天召集大家，想谈谈如何留住大客户以保证公司的业绩！”这样主题就很明确具体了，即会议的主题主要围绕如何留住大客户保证公司的业绩。

再比如，“今天召开部门会议，是想把上级下达的月销售目标分解到人，确保下个月每个人都有具体的工作目标！”这个主题就很具体，大家围绕这个主题进行沟通，就不会聊一些无用的问题。就算有人跑题了，大家也能及时发现并提醒。

（3）**精准性：你所表达的意思，应该只有一个准确的理解**

经过聚焦的主题，具有唯一性、具体性，还具有精准性。所谓精准，就是这个主题说出来，大家听了之后都能准确地理解，而不会产生其他的理解。

有些人经常会说一些模棱两可的话，比如，总经理拍着你的肩膀说：“某某，你上个月的业绩挺不错的，说明你努力了。”听上去好像是表扬你，但是，接下来他还说了一句：“希望下个月你能更加努力，取得更好的业绩。”这句话听着又像是在鞭策你，说你上个月业绩不够理想，努力还不够。这就使人不太明白：总经理到底是什么意思？

所以，在说明主题的时候，一定要保证表达的精准性。业绩好就是好，不够好就是不够好，努力了就是努力了，不够努力就是不够努力，都要清楚明白地说出来。这样别人听了之后才明白，才不会胡思乱想，妄加揣测。

主题聚焦不为人知的三大好处

说到主题聚焦，大家都知道它的好处，那就是可以使主题变得明确、突出，让人一听就明白我们表达的意思，从而简化沟通过程，提高沟通效率，快速有效地解决问题。反之，如果做不到主题聚焦，那么双方沟通的主题就不明确，谈话的重点就容易跑偏，导致把握不住问题的症结，不利于问题的解决。

下面，我们就举个例子，看看主题聚焦到底有哪三个具体的好处（如图1－2所示）。

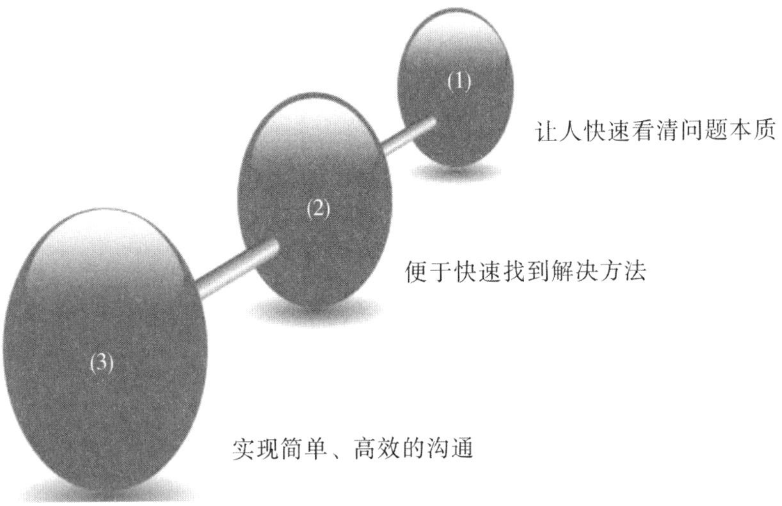

图1－2　聚焦主题的三大好处

某公司计划启动一个新项目，对于这个项目，公司副总经理和该项目的项目经理持有不同的看法。项目经理的项目目标是通过这个项目快速盈利，好让公司的效益增加，也让自己获得更多的项目奖金。而公司副总经理的项目目标是通过这个项目快速占领市场，积累更多的用户，这样的话，未来三五年内会实现盈利的持续稳定增长。

可是，最后项目经理还是坚持采用自己的方案，理由是这个方案在盈利方面可以给企业带来立竿见影的效果。而且这套方案他多次采用，操作起来非常有把握。这引起了公司副总经理的极大不满，他认为项目经理完全没有把他放在眼里。因此，在项目实施过程中，他明里暗里表现得极不配合，严重耽误了项目的进展。

公司总经理得知事情的原委后，将公司副总经理和项目经理召集到自己办公室，对他们进行了一番沟通……

（1）让人快速看清问题本质

很多时候，主题聚焦能让对方清楚你想讲什么。特别是在工作中，涉及解决具体问题时，正确地进行主题聚焦，能让人快速看清问题的本质。这是因为好的主题聚焦过程，就是寻找问题本质，找出问题症结的过程。

继续上面的案例：

公司总经理开门见山地说："这次找你们来，是想跟你们谈谈新项目的实施问题。目前项目进展不顺，与你们的协作不利有直接关系。为什么你们协作不利？因为你们的项目目标不同。无论你们的项目目标是着眼于长远利益，还是着眼于当前利益，都是为了公司发展着想。但我们必须达成一致，目标一致才能劲往一处使。鉴于公司当前发展所面临的严峻挑战，我们还是要立足当下，尽快让项目获得盈利。所以，希望两位朝着这个目标去努力。"

……

总经理的这番话一下子就点明了项目进展不顺的根源，为后面的沟通定下了方向。这就是聚焦主题的第一个好处——让人快速看清问题的本质。

（2）便于快速找到解决办法

当我们通过主题聚焦找到问题的本质后，那么解决问题的方案也就很容易找到。很多时候，我们无法找到解决问题的办法，是因为我们没有搞清楚问题的本质和症结。

继续上面的案例：

听了公司总经理的一番话，公司副总经理当即表态："我要向项目经理表示歉意，也向公司表示歉意。之前我过于执拗，置公司大局于不顾，确实有失分寸。接下来，我会全力配合项目经理实施新项目。"

项目经理见公司副总经理态度诚恳，也做出了礼貌性的回应："我也有错，之前我应该先认真请示副总经理，和他讲明项目实施方案的优点的。可我当时忽略了这点，我向副总经理表示歉意，以后涉及项目方案实施的问题，我不会再犯这次的错误。"

看着两位部属握手言和，总经理满意地笑了。

作为公司的高管，面对总经理开门见山的一席话，副总经理表现出了较高的思想觉悟，主动向对方道歉，表示会服从公司的发展战略，配合对方做好工作。当然，项目经理也承认了自己工作上的不足，承诺以后避免犯类似的错误。这就叫解决问题。

（3）实现简单、高效的沟通

主题聚焦所带来的这一好处，既是沟通的直接好处，也是沟通的终极好处。这个好处的背后，还有很多积极的意义。比如，节省双方的沟通时间，降低沟通成本；避免误解、扯皮；避免不必要的信息失真造成的损失。这些好处在上面的案例中体现得十分明显。如今是快节奏的社会，尤其是在企业和职场中，沟通成本是一项很大的开支。谁能掌握简单沟通的秘诀，谁就拥有高效沟通的能力，谁就能成为高效能人士。

紧密围绕谈话目标定主题

每次与人沟通时，你是否都有明确的目标？也许你会说，哪来那么多目标，不就是沟通吗？有时候只是闲聊，难道也要带着目的？答案是肯定的，哪怕闲聊也是有目标的，如联络感情、倾诉苦闷、获得理解、维护关系等。

美国管理大师彼得·德鲁克曾在他的《卓有成效的管理者》一书中指出："工作沟通的根本就是目标沟通。"要想达到沟通目标，就必须紧密围绕沟通目标定主题，即谈论的主题必须直指问题的核心，直指问题的根本，这样才能保证沟通的简单和高效。

就连闲聊都应该有目标，那么，正式的工作沟通、拜访客户、商业谈判，就更应该有明确的目标了。或为了与客户达成共识，或为了与其他公司开展合作，或为了从经销商那里得到订单，或为了得到同事的支持与配合，或为了得到朋友的帮助。

有了明确的沟通目标后，再围绕目标去准备主题、聚焦主题，那么正式沟通时你就可以紧紧围绕主题展开，或开门见山，直奔主题；或稍做铺垫，再说明本意。这样的话，沟通就会变得简单、高效，可以节约你和他人很多时间。

朋友徐婷在一家初创公司，有一次她跟我吐槽一位"奇葩"同事。那天她正忙着，总经理将新来的财务领过来，说财务有事找她。她心头一惊：难道我的报销有问题？还是备用金的领取没有走流程？但财务根本没有问她报销和备用金的事，而是问她：“你负责的是哪个产品？这方面的工作流程是怎样的？”

徐婷不敢怠慢，马上站到白板边，一边画图一边讲解。财务听得很认真，甚至拿出了笔记本，边听边做记录，还时不时提问讨论。忙活了半个小时，她终于把问题讲透了，这时她也不那么拘谨了，于是直接问对方：“你了解这些，是想做什么呢？”

没想到财务却笑呵呵地说：“其实吧，我就是随便问问你的情况，更重要的是，我需要你计算一下这个产品的预算，提供这块信息给我做账！”

“什么？”徐婷几乎发出尖叫，“为什么你不直接说？”

“呵呵，现在不是说了吗？”财务还是面带微笑，用慢悠悠的语气说。

徐婷无奈地回到座位，把产品预算分析表发给了那位财务。

明明一句话就能搞定的事情，徐婷却和同事聊了半个多小时。徐婷一边吐槽，一边哭笑不得：“我当时真的很想爆粗口，但转念一想，这件事我也有责任，为什么我一开始不直接问她呢？这样不就可以避免浪费时间吗？”

听完徐婷的吐槽，我也特别有感触。这是一个没有围绕谈话目标定主题的典型案例，或者说，这是一个没有围绕主题展开谈话的典型案例。那位财务的目标是要一份产品预算数据，但谈论的却是另外的事情。如果她事先能够围绕谈话目标定主题，做好主题聚焦，沟通的时候紧紧围绕主题展开，就不会造成这种可笑的结局了。

我们强调沟通之前要做好主题聚焦，就是为了沟通时主题明确，双方明白对方的沟通目标，从而避免沟通时主题跑偏或分散，东拉西扯，浪费不必要的时间。那么，具体应该怎样围绕谈话目标定主题呢？如图1－3所示。

（1）**明确沟通目标**

沟通没有目标，就像睡觉不闭眼睛，无论你怎么努力，都是很难入睡的，而且会搞得自己非常累。沟通有目标，但是目标不明确，只是一个概念性的东西，而没有具体化，也是不行的。比如，你和朋友沟通，目标是借钱。可是当朋友问你想借多少钱时，你却含糊其词、吞吞吐吐地说：“你有多少就借

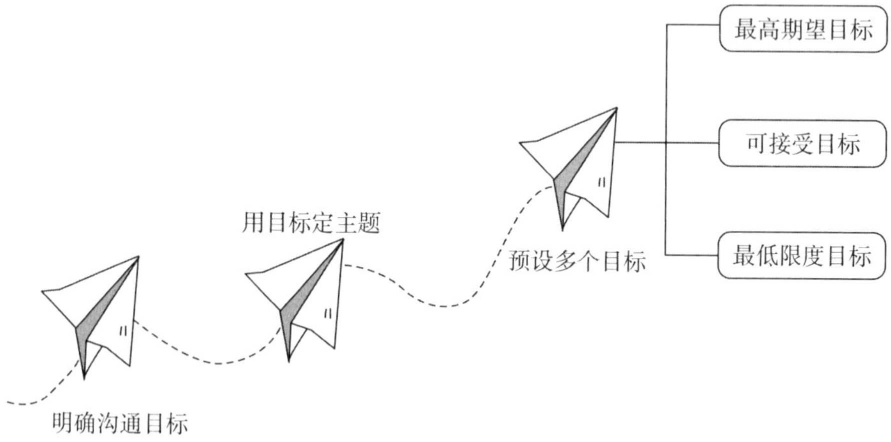

图 1－3　围绕谈话目标定主题的三大步骤

我多少！”“你看着办呗！”那么，朋友听了这话，就会很糊涂，可能还会反感。明智的做法是，事先确定借多少钱，沟通时把自己的目标和需求说出来。

明确沟通目标，就是要求我们在沟通之前问自己：我想通过这次沟通达到什么目的？是想劝告对方改正某个缺点，还是想向对方请教某个问题，或是要求对方完成某项任务，或是了解对方对工作的意见，或是和对方达成共识，敲定合作协议？你要相信，只要你问自己这个问题，你就能够明确沟通目标。

（2）**用目标定主题**

当你明确了沟通目标时，主题就随之浮现出来了。以“向同事请教某个问题”为例，当你确定了找同事是为了请教某个问题时，你必须确定这个问题是什么，再大概组织一下这个问题，以便简单、通俗地表达出来，让对方理解，然后为你解答。例如：

“张哥，我想请教你一个问题：怎样在 PPT 使用自动套用格式？”

“刘姐，我想问一下：公司会议纪要的格式是什么样的？你能给我提供一个范本吗？”

“沈总，填写出差费用保险单时，这一栏具体是填什么？”

当你这样开启谈话时，对方一下就能明白你的意思，沟通就会变得非常简单、高效。

（3）**预设多个目标**

需要注意的是，虽然每次沟通都要有明确的目标，但是，目标之下还可以有多个预设目标，以保证灵活处理沟通中遇到的困难。以“向朋友借 1 万元钱”为例，在这个目标之下，你应该预设多个目标。当朋友无法借你 1 万元时，你该怎么继续与他沟通，以便达到“退而求其次”的沟通目标。

一般来说，目标有这样几种：

①最高期望目标。最高期望目标指的是这次沟通对你最有利的理想目标，即能完全达到你的沟通目的，也就是借到 1 万元。

②可接受目标。可接受目标指的是根据双方的主客观因素，经过沟通后，双方做出一定的妥协。比如，朋友无法借你 1 万元，答应借你 8000 元，这也是你可以接受的。

③最低限度目标。最低限度目标指的是双方在沟通中，所要实现的最低限度的要求，这个目标是一个底线。针对这个最低限度目标，你应该准备好充分的理由，以便说服朋友答应你的求助。比如，你可以对朋友说：“如果借不了我 1 万元，最低也要借 5000 元给我。否则，我的日子就没法过了，房贷、车贷就没办法还了/生意就没办法周转了。”当你的理由充分，入情入理时，相信朋友在能力范围内，会设法满足你的最低要求。

一次最好只聚焦一个主题

有些人挤牙膏喜欢从后面往前面挤，规规矩矩的；有些人挤牙膏喜欢从中间开始挤，比较随意。夫妻中的一方可能会说："你怎么这么死板？挤个牙膏都这么多要求，累不累啊？"或者说："你怎么乱挤牙膏，你从中间挤，后面的怎么挤过来？"另一方可能会回答："这不是死板不死板的问题，而是做事的规矩，这样才不会浪费牙膏。"或者回答："从中间挤怎么了，后面的用点力不就挤过来了！就算没挤过来，有点损失也不是什么大事。"

当夫妻双方因某件事有了分歧时，这件事就会变成问题。解决问题的时候，双方本应该就事论事，把谈论的主题聚焦在这件事上，只谈论一个主题。可实际上，他们绝不会只谈挤牙膏，一定还会说到其他的问题。比如，你的袜子总是乱丢乱放，你的衣服从来不整理，你的马桶盖从来不立起来……甚至连本带利把陈年旧账全部挖出来。

这就是一种沟通的常态，透过这件生活小事，我们可以发现：沟通最困难的是主题不集中，谈着谈着就扯出一堆不相关的主题，而把最应该谈的主题弃之不顾。所以，一次只聚焦一个主题，只谈论一件事，只沟通一个问题非常重要。当我们解决具体问题的时候，就只解决这个问题，而不要把其他问题扯过来，不要算旧账。重要的是这个问题要能够解决，而且要很快解决。

很多人总是说沟通太难，沟通太累，经常为了沟通某个问题，把自己搞得身心俱疲。之所以出现这种情况，往往是因为沟通不能聚焦于一个主题，来回在多个问题上扯皮。以开会为例，很多公司开会时并没有一个明确的主题，或者主题太多，恨不得开一次会就把所有的问题都解决掉。

可结果呢？不但每个问题聊得不够深入，拿不出具体的行动方案，还硬生生地把会议时间拖得很长。等到会议结束时，才发现每个问题都谈到了，但每个问题都没有达成最终的一致行动方案，都没有得到解决。

那么，我们怎样才能避免沟通中话题不断变化和跑偏，一次只聚焦一个主题，只谈论一个问题呢？

（1）**明确沟通主题，时刻提醒自己围绕主题去表达**

很多人在与人沟通时都有这种情况：本想和同事敲定项目方案，可聊着聊着就不自觉地聊到了市场调研，聊到了公司项目制度，聊到了项目提成，甚至聊到了周末准备怎么过；本想和朋友谈个合伙创意，可聊着聊着就聊到了个人经济状况、生活困难，聊到了未来计划，聊到了买车买房。

不可否认，项目方案与市场调研、项目制度有关联，合伙创意与个人经济状况、未来规划也有相关性，也正是因为如此，很多人才会在沟通主题发生变化时毫无察觉。可对于简单表达的高手来说，他们心中会有明确的沟通主题。既然是谈项目方案，那就只围绕项目方案的可行性进行沟通；既然是谈合伙创意，那就只围绕合伙创意的可行性、未来前景进行沟通，至于其他主题，要尽可能不谈或少谈。

（2）**一旦主题这匹“马”跑偏，立即拽紧手中的缰绳**

当你主观上有了明确的沟通主题时，一旦发现沟通内容偏离主题内容，就要立即拽紧手中的缰绳，把主题这匹“马”拉回正确的跑道。这里有两个方面的内容：第一，当意识到自己表达的内容偏离了沟通主题时，马上提醒自己：回到正题，少聊无关的话题；第二，当意识到对方表达的内容偏离了沟通主题时，也要设法将谈话内容引向沟通主题。具体怎么做呢？这需要分情况：

①如果对方是你熟悉的朋友，你们关系不错，那么你可以对他说：“这个话题很有趣，但是一言难尽，我们改天再聊，我们先聊今天的主题吧！”

②如果对方和你关系一般，就不宜用这种简单、直接的“拽马”策略了，

而应该稍微委婉点。比如，你可以对他的谈话做出冷淡的反应，用“呵呵”“哈哈”“还行吧”等词简单地回应，然后在他谈话的间歇处，续上你们沟通的正题。

（3）掌握控场的话术，将跑偏的主题转移到正题上

与人沟通时，不能缺少控场的技术。所谓控场，就是通过一些实用性的话术和回应，将沟通主题掌控在自己希望的主题上。在这方面我们可以学学主持人，面对嘉宾跑偏的话题，他们总能在不知不觉中将主题转移到正题上。

在一档访谈节目中，主题是采访嘉宾近期获奖的感受，可在节目中，嘉宾却不知不觉讲到获奖的不易，讲到丈夫患病在床，并且情绪变得低落，甚至当场掉下了眼泪。

主持人见状，赶紧将主题拉回来，他对嘉宾说：“再苦再累都熬过来了，现在终于苦尽甘来了，这个奖就是对你这些年来最好的肯定！你获奖后，有什么感受呢？和大家分享一下好不好？”这样简单的一句话，就很自然地把话题引到了正题上来。

在发现他人表达的内容与主题发生较大偏离时，你可以学习上例中的主持人，先对其观点做简单的概括，然后用一句话将话题委婉地过渡到正题。这种控场术一般用于和公司领导、重要客户、长辈等对象谈话，可以很好地照顾他们的面子，让彼此的沟通更加顺利。

确定先说什么，后说什么

很多时候，我们知道说什么，但具体应该怎么安排话语的顺序，先说什么，后说什么，我们往往疏于考虑，结果脑子一热，想到什么就说什么。这不仅白费了口舌，浪费了时间，还让听众十分费解，严重影响沟通的效果。

在著名作家刘墉的《世说心语》一书中，有一篇名为《颠三倒四害死人》的文章，里面有一个非常有趣的故事：一位老板走进公司，一名职员匆忙跑过来说："不得了啦！不得了啦！我们的东西出问题了，因为手续少办一项，被压在海关上不了飞机。"

老板本来就有高血压，听到这话，差点晕倒。

那位职员继续说："幸亏我及时找人把手续补办好，东西及时上了飞机，现在应该已经到了。"

如果你是那位老板，面对这样的员工，你会不会觉得他很可气可恨？这就是典型的不考虑先说什么，后说什么造成的沟通效果。这个例子也提醒我们，在与人沟通之前，最好花点时间做个简单的沟通计划，考虑一下先说什么，后说什么，如此才能达到更好的沟通效果。

不论是向上级汇报工作，还是找领导申请加薪，或是和客户沟通项目方案，抑或找亲戚朋友帮忙办事，正确地安排话语的先后顺序，把应该先说的内容说在前面，把应该后说的内容说在后面，是至关重要的表达技巧。

那么，在考虑先说什么，后说什么时，要注意什么呢？如图 1－4 所示。

（1）**先说结果，再说过程**

最重要、最紧要的内容，永远是听者想在第一时间听到的。就像前文的

图 1－4　先说什么，后说什么

职员报告情况时，老板最希望听到的是货物有没有及时发出。至于货物发出前的波折——被海关查扣了、压下了、职员找人补办手续等内容，老板不是很关心，应该放在后面说。也就是说，一定要先说结果，如果时间允许，对方又想了解更多信息，你再慢慢说过程。

（2）**先说结论，再说论据**

为了保证表情达意的清晰度，在与人沟通的时候，一定要避免“眉毛胡子一把抓”。为此，我们不妨先说结论，再逐条说论据。比如，在开会讨论某个方案时，你可以这样说：“对于这个方案，我不赞同。理由有三，第一……”这样说得井井有条，大家也很容易听明白。

（3）**先说相同，再说分歧**

当沟通出现分歧时，“求同存异”是化解分歧的重要原则。即先说你们能够达成一致的地方，再说你不同意的地方。这样更有利于化解分歧，说服对方。这个技巧还适用于初次见面与人聊天，先说双方相同的地方，如年龄相当、籍贯相同、毕业于同一所大学，这些相同点说出来后，很容易消除双方的陌生感。然后，再彼此聊些不同点。

（4）**先说愉快，再说不满**

张先生是一家公司的老板，有一次，一个生产厂家答应供应的一批货物迟迟不交货，引起了张先生的不满。但是，他首先还是很客气地说：“我们以前有过多次合作，一直都挺愉快的。我相信这次你们延迟交货，肯定是有原因的。”

接着，他对对方说：“但你也知道，延迟交货就意味着给我们双方带来损失，按照合同规定，你们的损失可能更大。不过我认为总有办法可以解决，你看能不能安排工人加班，这两天把货赶出来?”

对方听了张先生的话，马上面露惭愧之意，连连道歉，并许诺这两天一定交货。

假如张先生不是先说满意之处，而是一上来就说：“你交货也太不准时了，我怎么碰到你这么不讲信用的人，以后再也不跟你合作了，而且我还要起诉你们!”那么，客户原本还有点愧疚，听了这话后可能马上破罐子破摔，甚至故意拖延交货，大不了鱼死网破，以后不合作了。

这种先说意见和不满的表达策略，看似大快人心，但是很多时候根本解决不了问题，反而会让双方的矛盾进一步激化。相比之下，先说满意之处，再说意见和不满，效果好得多。当然，表达意见和不满时也要注意态度，切勿带着情绪，置对方的面子和感受于不顾。

（5）**先说不足，再说赞美**

“我有一个好消息和一个坏消息，你想先听哪个?”相信这样的话很多人都说过。如果让你选，你选择先听好消息还是坏消息呢?根据心理学上的“近因效应”来判断，大多数人应该愿意先听坏消息，再听好消息。为什么呢?因为人的大脑通常容易记住别人最后说的话，至于前面说的话，可能记得不那么清晰，但对于最后说的话，却能记得很清楚。

也就是说，如果先听一个坏消息，再听好消息，那么好消息带来的好感会冲淡坏消息的不快，让人感到容易接受一些。反之，如果先听好消息，再听坏消息，那么坏消息则会冲淡好消息的好感，让人觉得不舒服。特别是当我们先赞美别人某个优点，然后指出别人不足时。

举个例子，你对女同事说：“张姐，你今天穿得真漂亮啊，这身衣服特别适合你，看起来气质特好。可是你脸上长了个痘痘，而且特明显!”试想一下，对方听了你这样说，会有什么感受呢？

如果你换一下表达的顺序，说："张姐，你脸上长了个痘痘，而且特明显！不过你今天穿得真漂亮，这身衣服特别适合你，看起来气质特好！"试着体会一下，对方听了这话的感受是不是比前面一句话好很多？

围绕主题营造沟通氛围

老家乡村有一位村干部，他想说服当地一位在京企业家（刘总）给家乡投资一笔钱，以便更好地建设当地的新农村，改善老家的生活居住条件，完善当地的人文环境。可他多次打电话给那位企业家，对方的反应都不冷不热。

一次偶然的机会，村干部跟我说起这件事，让我给他出个主意，看看怎样才能说服刘总答应这个请求。我建议村干部打听一下刘总的兴趣爱好，并找准时机，从他的兴趣爱好下手，营造良好的沟通氛围，再在合适的时候说出这个请求，看会不会取得更好的效果。

不久后，恰逢春节，村干部得知刘总回老家过年，并打听到刘总某天下午有空，于是邀请了几位篮球爱好者，在当地的小学操场上举办了一场篮球友谊赛。结果上半场球赛打完，大家都比较累了，就坐在篮球架下面休息、聊天。

这时村干部跟刘总说："真希望我们村有个像样的篮球场，有个大家聚集在一起运动休闲的场所。比如，打打羽毛球，跳跳健身操，打打篮球，逢年过节的时候，大家聚在一起热闹热闹，既锻炼了身体又交流了感情，还丰富了精神生活。以往啊，咱们农村人聚到一起，就知道赌博、打麻将，这种风气特别不好！"

刘总一听这话，马上表示认同。

接着村干部说："真希望刘总投资一笔钱，多少都是你一份心意，就当为家乡做点贡献吧！我们村像你这样的大老板并不多，投资10多万元，对你来说算不上什么，但对我们村来说，这笔钱足以让全村大变样啊！”

刘总想了想，说：“行，那我就投资 10 万元，用于建设美好家园。”

为什么前几次沟通刘总反应冷淡，而这一次沟通那么顺利就成功了呢？因为环境变了，氛围变了，谈话双方的心态也变了。在适宜的环境和气氛下谈论与之相符的主题，双方更容易找到契合点，更容易达成一致。

所以，我们谈论不同的主题，一定要找到一个最为合适的沟通环境，营造最适合的沟通氛围。比如，想劝朋友加入你的羽毛球俱乐部，不妨带朋友去羽毛球场看看，看你们俱乐部球友在球场上顽强拼搏的战斗场面，看你们俱乐部球友在场下谈笑风生的放松画面，之后再发出你的邀请。

那么，围绕主题营造沟通氛围，应该注意什么呢？如图 1－5 所示。

图 1－5　围绕主题营造沟通氛围的三个要点

（1）**注意时间**

不同的话题，在不同的时间或时段谈，所达到的效果是大不一样的。比如，正月里不宜借钱、不宜讨债，如果你在正月里找人借钱或找人催债，很可能碰一鼻子灰。对方不但不会答应你，还可能趁机向你发一通脾气，尤其是正月里催债。再比如，快下班时不宜找同事帮忙，因为快下班了，大家回家心切，这时你找人帮忙，人家哪有心思？还比如，不宜大半夜和别人沟通，因为这会影响别人休息，哪怕是电话沟通。

（2）**注意场合**

不同的话题，在不同的场合谈，所达到的效果是大不一样的。比如，私事尤其是涉及他人隐私的话题不宜当众谈，否则会让对方浑身不自在。领导和下属谈工作，不宜有第三者在场，最好两人私下关起门来在办公室谈。再比如，孤男寡女不宜长时间独处，哪怕是谈论工作，更不宜去别人家里谈事情，除非二人是恋人关系。

（3）**注意铺垫**

1971 年，基辛格率代表团秘密访华，想借此打破外交僵局。来华前，尼克松总统多次想象会谈的情形，以为中方会愤怒地拍桌子，勒令他们退出台湾，滚出东南亚。为此基辛格一行非常紧张。

但事实出乎他们的预料，周恩来总理在钓鱼台国宾馆热情地会见了他们，并微笑着握住基辛格的手，友好地说："这是中美两国高级官员二十几年来第一次握手。"

接着，周恩来总理又握住霍尔德里奇的手说："我知道，你会讲北京话，还会讲广东话，广东话连我都讲不好。你是在香港学的吧？"

后来，周恩来总理又对斯迈泽说："我读过你在《外交季刊》上发表的关于日本的论文，希望你也写一篇关于中国的。"

最后，周恩来总理握住洛德的手说："小伙子，好年轻，我们该是半个亲戚，我知道你的妻子是中国人，在写小说。我希望读到她的书，欢迎她回来访问。"

通过简短的、带有赞美性的欢迎词的铺垫，有效地化解了基辛格一行的紧张心情，使对方对中国领导人心怀敬意，感受到中国人民的友好态度。

周恩来总理之所以了解来访的几位重要人物，与他事先的精心准备分不开。他先对基辛格一行的工作、生活资料做了一定的了解，又找出他们在外交场合不被人提及的细小之处。同时，对他们的来华心理做了大致分析。这样，才能营造良好的沟通氛围，为后续的谈判做好铺垫。

针对主题做个简单的表达练习

在正式沟通之前，我们应该重视准备工作，包括确定主题、制订计划、营造氛围。除了这三个准备事项，还应重视第四个准备事项——战前预演，就像演讲之前要练习一样。虽然日常沟通不像登台演讲那般正式，但如果涉及重要话题的沟通，涉及重要客户的拜访，涉及重要项目的谈判时，还是非常有必要做个战前练习的。

很多人都羡慕美国第44任总统奥巴马在台上镇定自若、谈笑自如，但是大家可能不知道，奥巴马的口才并非天生，而是靠着一次又一次的练习，才能成功驾驭公众演讲。每次演讲之前，他都会做大量的准备工作。因为他知道，没有人能打赢无准备之仗。

2012年美国第一轮总统大选时，奥巴马的辩论团队在拉斯维加斯开展了一系列的辩论准备工作，当时的奥巴马演讲水平还很一般。其间，奥巴马要去参观胡佛大坝，便私自取消了一次练习。

几天后，奥巴马的首席竞选顾问大卫·阿克塞尔罗得知奥巴马擅自取消了一次练习时，便向奥巴马表达了担忧，并提醒他应该集中精力为大选辩论做演讲练习。奥巴马却不以为然地说：“别担心，我擅长临场发挥，不会有问题的。”

结果，在第一次大选辩论赛中，这位“临场专家”输得很惨。由于辩论赛上发挥不佳，他的支持率一夜之间下降了很多，这让他在竞选期的后半程不得不疲于亡羊补牢，这才最终赢得了总统大选。

自负是沟通和表达的常见阻碍之一。很多人总是相信自己可以临场发挥，不重视战前预演。可是到了正式沟通时，却发现自己思路混乱，主题不明，一会儿讲这个内容，一会儿讲那个内容，完全没有条理和逻辑。这一点在美国影视演员朱迪·福斯特身上就有非常典型的体现。

2013 年，朱迪·福斯特获得塞西尔·B. 戴米尔奖。在发表获奖感言时，她全程语无伦次，说了一堆毫无主题的废话，让人大跌眼镜。

“所以，我要做段自白，我突然有股冲动，想说一些我从来没机会在公开场合说的内容。所以，要宣布这件事，我其实还是有点紧张，但是我的助理现在肯定比我还紧张，对吧，珍妮弗？但是我只是想告诉大家我的想法，对吧？响亮地说出来，对吧，所以我需要你们的支持……”

“我是单身，没错，单身。没有啦，我在开玩笑，但是我不是真的在开玩笑，算是半开玩笑吧……我是说，谢谢大家的热情。谁能给我点鼓励？天哪，说真的，大家别失望，我可没准备什么华丽的登台演讲……很久很久之前，那个脆弱的年轻女孩只跟她的朋友、家人和同事倾诉心声，然后慢慢地扩展到每个认识她的人，接着是她遇见的每个人……”

福斯特在讲什么？你看懂了吗？很抱歉，我完全不知道她在讲什么，因为毫无主题，完全是想到什么讲什么，而且看得出来她很紧张。可这一切是什么原因造成的呢？你可以说她的口才不好，但她事先没有做好准备，包括没有围绕获奖感言定主题，没有确定先说什么后说什么，更没有针对主题做个简单的演讲练习，这才是问题的症结。

很多人一辈子都没有几次演讲的机会，但是在工作中，我们少不了拜访客户，少不了在会议上发言。在日常生活中，我们也少不了当众讲话，比如，在大学毕业十年聚会上，大家让你发表讲话；在亲人八十大寿上，大家让你讲几句。面对这些场面，你是希望自己紧张得手足无措，还是希望自己用自信的谈吐赢得大家的阵阵掌声？

退一步说，即使不用当众发言，你也少不了与人沟通（包括面对面沟通和电话沟通）。在与人沟通之前，你是否想好了谈论什么主题，想好了怎么说，先说什么，后说什么？你有没有事先练习几次，把整个表达内容捋顺呢？

有一次，克林顿沟通团队中的一位关键人物透露，克林顿之所以在公众演讲中表现出色，秘诀就是充分准备、勤加练习。如果他的日程安排太紧，准备的时间不充足，他的公众演讲效果就会受到影响。就连“演讲大师”克林顿都重视正式讲话前的练习，我们还有什么理由忽视正式沟通前的表达练习呢？

那么，我们应该怎样进行正式沟通前的表达练习呢？如图1-6所示。

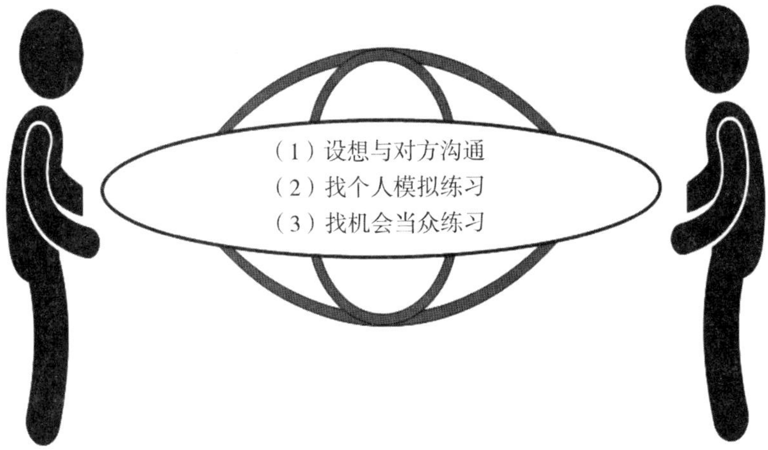

图1-6　正式沟通前的三种练习方式

（1）**设想与对方沟通**

你可以把自己关在房间里，确保自己不会受到打扰。然后，想象自己正在和对方沟通某个主题。之后你开始发言，从最初简明扼要地表达主题，接着陈述观点、表明态度，再接受对方的质疑和提问，以及你如何作答，最后总结你的观点。按照这样一个流程去组织语言，并反复多次进行练习，直到你认为自己表达的主题突出，观点鲜明，整个表达比较顺畅流利为止。

（2）**找个人模拟练习**

除了独自练习，你还可以找个人充当沟通对象，和你进行模拟练习。比如，你要和一位客户推销产品，你可以事先做好准备，然后让朋友或家人充当客户。你可以从见面后的寒暄，到正式介绍产品，再到劝说对方购买产品，以及对方如何提问，你如何作答进行练习。每次练习完，询问朋友或家人的意见和建议，看主题是否鲜明，重点是否突出，观点是否有说服力等，再进行改善。

（3）**找机会当众练习**

如果几天后，你要在公司的表彰大会上担任主持人，或你要在大会上发言，那么事先的练习是必不可少的。你可以趁同学聚会，当众练习一下。也可以把家人召集起来，让他们充当全场观众，你在他们面前练习表达大会的主持词，演练大会上的发言稿。每次练习完，让家人提出意见和建议，再有针对性地去改善。

当然，无论是哪一种练习，你都可以录音或录视频。每练习一次后，就听一听录音，看一看视频，看自己表达的主题是否明确，表达时的姿态和表情是否自然。这样在下一次练习时，就可以针对不足之处去改正。几次下来，你表达的效果就会越来越好。

第 2 章

重点：重点的一句话和重要的一些话

沟通不是闲聊，必须围绕主题说重点。如果一个人说有事找你，见面后却毫无主题天南海北地闲扯，相信你会失去耐心，忍不住问：“你到底找我干吗？说重点！”现代社会生活节奏快，时间精力宝贵，努力在最短时间内达到沟通目的是一种重要的沟通能力，而说重点是这项能力必不可少的素质。

90% 的低效沟通源于没有重点

有个朋友跟我说，他很乐意讲话、发言，但有个毛病，就是说话没有重点。本来重点就那么一两个，但被他绕来绕去讲了很久后，还没有讲明白，别人也没有听懂。其实，有这种不良表达习惯的人很多，他们的问题就像写作文时不能切题一样。因此我敢说，90% 的低效沟通往往源于没有重点。

记得 2017 年参加了一个主题讲座，特邀嘉宾发言的时候，一直没有讲到重点。他本应该讲问题的解决方案，可说着说着就扯到了心态调整，心态调整还没讲完，又开始谈及出现问题的原因。发言持续了很长时间，问题却一个都没解决。再看台下的听众，有些已经开始打哈欠，面露不耐烦的表情。

还有一次，我和一个企业团队交流一个管理课题。对方发言人说了好半天，描述了很多场景和客观因素，可是我听得一头雾水，完全不清楚对方的重点是什么，即他们到底需要我帮忙解决什么问题。最后，还是我试探性地提问和求证，然后帮他归纳出这个重点，问题才得以明确，得以解决。

除了闲聊交流感情、打发时间之外，任何形式的正式沟通都应该说重点。如果没有重点或重点不突出，表达者就很容易不受控制而主题跑偏，在不知不觉中浪费过多时间。同时，还会造成听者理解偏差，导致沟通不畅，继而需要双方花费更多的时间去沟通，甚至可能引起不必要的乱子。

陈女士在家做饭时，突然有人用力地敲门，她赶紧开门。只见邻居王太太惊慌失措地跑进来，嘴里叫喊着："小陈啊，不得了啦，你孩子在街上玩球，跑到马路中间捡球，一辆大卡车快速冲了过来，你孩子……"话还没说完，陈女士已经慌了神："你说什么？不会吧，我的儿子啊！"然后就瘫坐在地。

王太太大喊："你怎么啦？你别着急啊，听我慢慢把话说完呀，我是说你孩子差点被大卡车撞上，幸亏我及时发现，把他拉了回来！"

假如陈女士有心脏病或高血压，在听到"坏消息"的瞬间不堪一击，那后果我们真的不敢想。搞不好孩子没事，大人却出事了。那最后怪谁呢？那个传递消息的王太太一定脱不了责任。由此可见，先说重点的表达原则多么重要。

事实上，不只是碰到紧急情况要先说重点，就算平常沟通，也应该遵循这个原则。这也是为什么新闻稿要把最新发生的、最重要的信息放在开头，这是为了引起读者的关注。

那么，怎样才能做到说话有重点，并且保证这个重点便于听者理解呢？说重点的三个注意事项如图 2－1 所示。

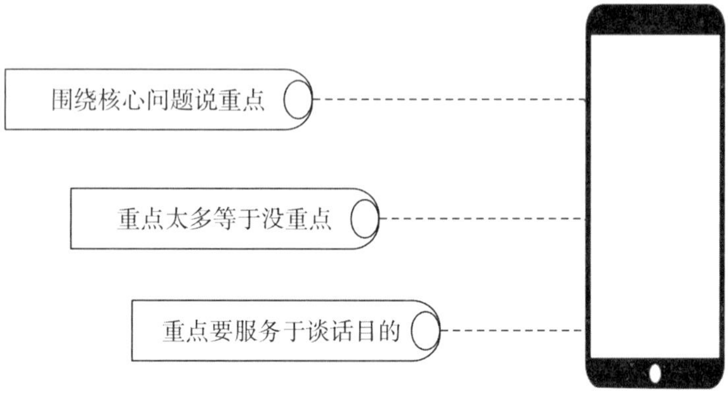

图 2－1　说重点的三个注意事项

(1) **围绕核心问题说重点**

沟通之前，多问自己几遍："最重要的问题是什么？"然后在沟通中紧紧围绕核心问题展开。如果可以的话，沟通之前你可以尽量写下提纲。这样既能保证重点明确，又能避免主题跑偏。

另外，围绕核心问题说重点，还表现在接受别人的提问时，要明确问题的关键，针对提问进行具体作答。比如，针对问题"你吃饭了吗？"，你回答"吃了"或"没吃"就可以，这样对方马上就能获知重点信息，而没必要回答：“我忙了一上午，工作还没忙完呢，哪有时间吃饭啊！”如果对方好奇于“你没吃饭”，自然会问你“怎么还没吃饭”，此时，你再告诉他原因也不迟。

（2）**重点太多等于没重点**

与有些人说话没重点相比，还有一些人在说话时走了另一个极端——重点太多、重点太杂、重点太散。这会造成什么听觉效果呢？我们不妨来看一个例子：

某公司的王经理在开会时，经常讲两三件重要的事情，然后再绕回到第一件事上面，以至于大家都以为他讲的重点是第一件事，于是赶紧落实第一件事。可结果，部门经理却批评大家：“还有两件事没落实呢！你们搞什么，那么重要的事情居然不落实！”

有一次，王经理说要在公司大厅摆上圣诞树；接着又提出要各部门提交资金预算，供年度预算用；再接着又讲要与某单位签订原材料供货合同。说完一圈后，又回到圣诞树上面，说要怎么怎么装饰，还提醒大家注意几点。事后大家都把精力放在布置圣诞树这件事上，提交资金预算和签订供货合同却没有及时落实。

重点太多等于没重点，因为重点太多，容易分散听者的注意力，因此，在表达的时候，对于多件同样重要的事情，你最好清楚明白地强调：“今天我要讲的重点有三个，第一……第二……第三”只有这样清楚明白地告知，才能避免重点信息被遗漏。

（3）**重点要服务于谈话目的**

究竟什么是重点应该被明确提及，这需要依据你的谈话目的而定。比如说媒婆，她们在牵线搭桥的时候，往往专挑被介绍者的优点和亮点说，至于缺点和不足，往往轻描淡写，甚至避而不谈。在这里，被介绍者的优点和亮点就是重点。

因此，我们有必要向媒婆学习，讲话时要服务于自己的沟通目标，什么信息应该作为重点讲出来，什么信息应该避开，你心里必须有底。你想达到什么沟通目标，就要突出你想要达到目标的有关重点，这就叫有的放矢。

永远保持结论先行

有些人说话抓不住重点，弄得听话的人没兴趣与其交谈下去。其常见的一个原因就是，相对于先说结论和结果，他们喜欢先谈过程。尤其是讲到自身经验，或沟通商品提案、业务活动或产品说明时，很多人常常不知不觉就把“自己的努力与辛苦”作为表达重点。

然而，当你花了许多时间说明事情的前因后果后，听众却不感兴趣，他们想要的往往不是“漫长的经过”，而是“最终的结果”或“你的结论”。因此，如果你想成为简单表达的高手，就必须牢记一个表达原则，那就是永远保持结论先行。

一位朋友跟我分享了一次他与老板的谈话经历。他情绪激动地吐槽那位说话不先讲结论的老板是多么讨人厌。事情的大概是这样的：

那天老板找他谈话，当他走进老板办公室时，老板正在低头看销售报表。见他来了，老板叫他坐下。他坐下后，老板沉默了十几秒，然后深吸一口气，说：

“你的合同还有一个月就要到期了，公司领导一直在考虑你对公司的贡献和作用。我们通过对你过去一年业绩表现的评估，再对比公司销售人员的年平均业绩，最终对你做出了是否续约的决定。你知道的，这一行业竞争非常激烈，销售是一个极富挑战性的岗位，我们公司每天都会收到十几份求职简历，这些人恨不得马上取代你……”

他紧张到几乎无法听清老板在说什么，因为老板的话让他感觉气氛不对劲，好像公司不打算跟他续约。他的业绩在公司只是中游偏上一点，而且还曾与客户发生过一次争执，被客户投诉到了公司。

老板讲了大概3分钟，然后又长舒一口气，说："综合你过去的表现，公司决定再和你续签一份为期3年的劳动合同，并且给你加薪30%。你考虑一下，明天给我答复！"

朋友心想：这么好的事情还需要考虑吗？他马上向老板表态："我很喜欢这份工作，越有挑战越能激起我的斗志，我愿意和公司签订续约合同。"

朋友说，他当时有一种掐死老板的冲动。因为老板绕了半天，长吁短叹半天，最终只是想告诉他一个好消息。原本老板第一句话就可以说出结论——找你过来，是为了告诉你：公司决定和你续签一份为期3年的劳动合同，并且给你加薪30%。

如果老板先说这句话，相信员工的心情早已为之一振了。然后再去谈员工过去的表现，谈销售岗位所面临的挑战性，鼓励员工再接再厉，这样不是更好吗？我们可以想象，如果对方不是老板，不是上司，谁还有耐心听下去。

那么，我们在运用结论先行的原则表达时，具体应该注意什么呢？

（1）**抛出你的结论，摆出你的观点**

如果你想告诉他人你的一个新发现，或给上级汇报工作，或回答他人的提问，或说服客户购买你的产品，你最好第一时间抛出你的结论，摆出你的观点。如果你的结论和观点是有思想价值的，是对方感兴趣的，对方自然会产生好奇和疑问，问你："为什么是这样？你为什么得出这样的结论和思想？"如此，你就有机会跟他慢慢解释。

例如，你和朋友交流宠物话题时说："我认为猪可以当宠物养。"朋友很可能感到奇怪：为什么猪可以当宠物养？有了这样的疑问，他就会提问："为什么猪可以当宠物养？"对了，这就达到了让对方继续听下去的目的。

抛出结论，摆出观点的目的，不仅是为了第一时间检验对方是否感兴趣，看对方是否愿意听你讲话，是否愿意看你的报告，是否愿意了解你的产品，也是为了更好地表明你的态度和立场，表达你的思想，突出你的表达重点，提高沟通的效率。

（2）给出完美的解释，证明结论的合理性

在你抛出结论，摆出观点之后，你要做的是给出一个完美的解释，证明你的结论和观点的合理性。以“猪可以当宠物养”这个观点为例，你要拿出有说服力的论据来支撑。比如，你可以说：“我有三个理由：第一，猪很谦虚；第二，猪很接地气；第三，猪的品种多。”

听到这里，朋友会产生更多的疑问：“猪怎么谦虚了？”“猪怎么接地气？”“猪有哪些品种？”他肯定想听听你的高见，那么你就可以继续解释。

“我说猪很谦虚，理由也有三个：第一，猪的脾气好，你看猪八戒，总是乐呵呵的；第二，猪好养活，给啥吃啥，不挑食；第三……”

“哦，原来是这样，确实有道理。”朋友可能恍然大悟，赞同你的观点，然后继续问后面的问题。

你又可以继续解释：“我说猪很接地气，也有三个理由，第一……第二……第三……”如此，每个大论点下面，都有三个小论点支撑。最终，构成了一个重点突出的金字塔结构，如图 2－2 所示。

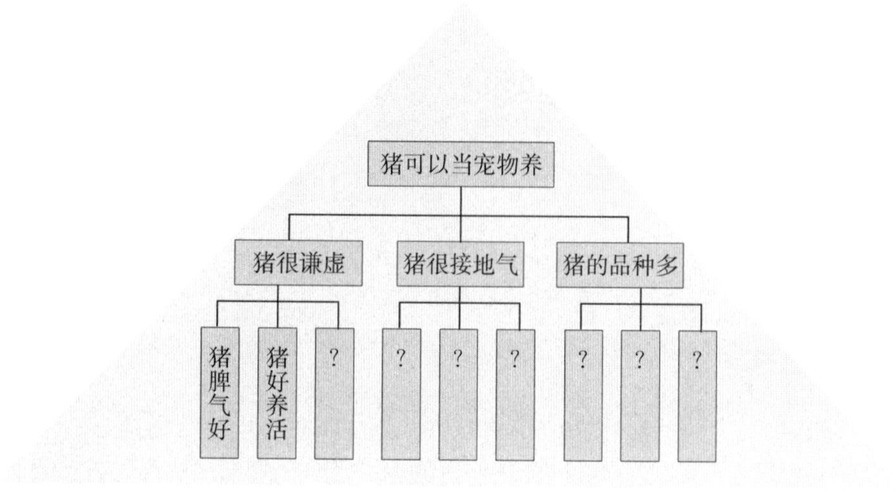

图 2－2　证明结论的金字塔结构

如果你给的论据和理由合情合理，那么你就很容易赢得认同。你的提议会通过领导的审批，你的新观点会得到别人的赞同，你的产品会被客户接受。当然，对方可能会觉得你的解释不够完美，觉得你的论据不够充分，最后没有接受你的提议，没有认可你的发现，没有购买你的产品。那也没关系，至少你清楚地阐述了重点，表达了自己的想法。这种表达方式大大节省了对方的宝贵时间，还会给对方留下一个做事高效、讲道理、有逻辑的印象。

现代社会大家都挺忙的，尤其是身在一线城市的职场，时间就是生命，没人会对你的话多感兴趣的，只有有了疑问和兴趣时，别人才会去关注、去追问。结论先行的表达原则可以有效地激起别人的疑问和兴趣，使对方明白你的表达重点，愿意听你讲下去。如果你说出的是容易理解的结论和观点，别人一听就能明白你的意思，这样就大大提升了沟通效率，节省了双方宝贵的时间。

找出关键词

人们常说："有困难找百度。"言外之意是，只要把你的问题输入百度搜索引擎，就会得到相应的答案。可事实上，并不是每个人都会用百度。尤其搜索一些较为冷门的资料时，如果不懂得输入正确的关键词，是很难找到想要的资料的。

其实说话也是这个道理，看似每个人都会说话，但真正会用关键词进行简单表达的人并不多。再看有些演讲者，在台上妙语连珠、滔滔不绝，但大家听完他们的演讲，往往记不住内容。而有些人讲话，看似漫不经心间的三言两语，却能直指问题核心，让人印象深刻。

在大家的印象中，大学同学张川是个性格内向、言语不多的人。可让我们这些同学没想到的是，张川大学毕业后一直从事销售工作，而且业绩还特别好。

在一次聚会上，另一位从事销售工作的同学调侃张川："就你这样不爱说话的人也干销售这一行，而且业绩还那么好，你叫我找谁说理去啊！"

相比于张川，这位同学在大家的印象中是那种性格外向、能说会道的人，奇怪的是他的销售业绩却不尽如人意。这引起了我的兴趣。

后来我问张川："你是怎么做销售的？有什么独到经验吗？"

张川笑着说："别看我话不多，但我善用关键词。"

"你说的关键词，是什么意思？"

"举个例子吧，碰到有些客户，我会直接说：满 5 万元打七折，可以吗？"

见我面露疑惑，张川解释说："满5万元打七折就是关键词，意思是一次性购买5万元的产品，享受七折优惠。"

"就这么简单？"我好奇地问。

"是的，因为和我打过交道的人都了解我，知道我是个实诚人，给的都是最低价，而且不喜欢磨叽。所以当我说出关键词后，如果客户觉得价格能接受，也不会再缠着我还价。如果客户还想还价，那除非提高交易额，否则我不会轻易让步。"

"与打过交道的客户谈合作简单，如果碰到陌生客户，你这招也有用吗？"

"一样有用，与陌生客户打交道，我一般会抛出几个常见的关键词，如最低价、省钱、性价比高、品质保障、环保健康等，这些都是客户最关心的。关键词一出口，就能摸清客户的类型，以及需不需要我的产品！如果客户需要我的产品，我再去跟进；如果不需要，我就会放弃。"

"那这么说，你的销售都是有针对性的，效率很高啊！"

"当然要有针对性，而不能见谁都去推销，这种推销方式是吃力不讨好的！"张川说。

关键词不仅能让主题更明确，还能让说服过程更轻松。有时候几个关键词，就能让人明白你的意思，大大节省沟通时间，提高沟通效率。那么，我们应该怎样运用关键词呢？如图2-3所示。

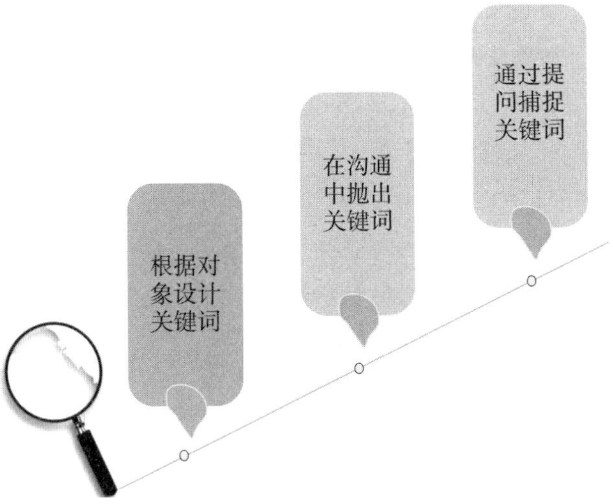

图2-3　如何运用关键词表达重点

（1）**根据对象设计关键词**

关键词不是一成不变的，而要根据对象的心理需求来设计。以推销产品为例，如果你对客户有一定的了解，知道对方最需要什么，是最看重折扣，最看重品质，还是看重付款方式，然后针对性地说出关键词。对于最看重价格的客户，你可以用“最低折扣”作为关键词；对于最看重品质的客户，你可以用“1 年包退包换，3 年保修”作为关键词；对于最看重付款方式的客户，你可以用“分期付款”“延迟3 个月付款”作为关键词。这样的关键词就能直击人心，打动人心。

在职场中，你对自己的上司、同事、下属也有一定的了解，在与他们沟通工作时，你也可以找出针对性的关键词，提高沟通效率。比如，向注重细节的上司汇报工作时，你可以用“检查 3 遍”作为关键词，让上司放心；向注重时效的上司汇报工作时，你可以用“3 小时完成”作为关键词，让上司看到你的办事速度和能力。

（2）**在沟通中抛出关键词**

有时候，对方说了半天也没有说出重点。作为听话的一方，这时我们应该学会捕捉关键词，并抛出关键词引导对方说重点，或把谈话引向我们想要的方向。

一位保健品销售员在拜访客户时，在楼梯间碰到一位老大爷。见老大爷上楼很吃力，销售员关切地说：“大爷您当心点儿，看您很累吧？我来搀您上去。”

老大爷：“谢谢你了，老了，腿脚不好了。”

销售员：“怎么能这么说呢，看您身体还硬朗，还要再享几十年福呢，上点年纪的人钙流失得快，所以腿脚不像年轻时那样利索，一定要注意补钙啊！”

老大爷：“可不是吗？可钙片我也吃了，好像没什么效果。”

销售员：“喝牛奶效果不错的，因为牛奶容易被身体吸收。大爷，我这里刚好就有低脂高钙的奶粉，您先买几袋喝喝试试？”

老大爷：“听起来好像不错啊，那我买5袋试试看！”

这位销售员之所以顺利成交，就在于他在沟通中发现客户“缺钙”，并在对话中抛出“补钙”“易吸收”“低脂高钙”等关键词，从而打动了客户。可见，在沟通中要带着目的，尽早抛出与主题相关的关键词。

（3）**通过提问捕捉关键词**

提问是沟通中常见的交流方式，通过对方的回答，我们可以获知对方的意思和需求。比如：

甲：您好，请问要选什么样的手机？

乙：价格便宜的、优惠的、物美价廉的。

从乙的回答中，可以看出关键词是价格，说明他最在乎价格，因此，甲就可以围绕价格这个重点去沟通，给他推荐价格低、实用性强的手机。

要注意的是，提问之后要认真倾听，分析对方的回答，从而了解对方的心理或需求。这样才能准确判断对方的重点，继而和对方互动。举个例子：

男生问：你在网上看什么呢？

女生说：我在网上看到一个很漂亮的口红！

男生说：我也在网上看到一件很适合我的衣服。

男生的回答看似没什么问题，但两个人一个在说口红，一个在说衣服，同时制造了两个话题，这实际上是主题跑偏。为什么男生说的与女生说的话题不同？因为男生没有抓住女生话语中的关键词——口红。

当然，如果只是闲聊，那倒也没什么关系。可如果是在正式聊天中，别人说这个话题，你却说那个话题，对方一定会觉得你很没意思。即便是聊天，你总是在别人说了某个话题后不自觉地转移话题，对方也会觉得和你聊天没意思。所以，学会顺着对方的关键词去沟通是一项重要的能力，不仅关系到沟通效果，还关系到你在他人心目中的印象。

把不必要的内容过滤掉

有人问美国第 28 任总统伍德罗·威尔逊："准备一份 10 分钟的讲稿，得花多长时间?"

威尔逊说："2 个星期。"

那人又问："准备 1 个小时的讲稿呢?"

他说："1 个星期。"

"如果准备 2 个小时的讲稿呢?"

威尔逊笑了笑，答道："不用准备，马上就可以讲。"

为什么演讲时间越短，准备的时间反而越多？因为在准备的过程中，要思考什么内容是重点，应该讲到位，讲透彻；什么内容是不必要的，应该过滤掉。这样才能确保演讲主题明确、重点突出、干货满满。否则，重点内容势必被诸多不必要的内容所淹没，以至于重点不突出，或讲得不深入，导致听者不明白。

无论是众人面前的登台演讲，还是日常的与人沟通，我们都应该力求讲重点，把不必要的内容过滤掉。例如，有位朋友讲述了自己的一段见闻：

"上个周末我去我姑姑家，你知道吗，我姑姑家在很偏远的农村。住处就是路边还有的很老的土砖房子那种，晚上一片漆黑，出门必须用手电。他们主要是以种田为生，不过大多数青年都出门打工了，只有过年才会回老家。我到姑姑家里的时候，正好是中午，我想她应该忙完农活，在家做饭吧。没想到啊，我去到她家，她居然不在家，最后我问了邻居，才在一户修了洋房的村民家找到她。你知道她当时在干什么吗？她居然和一群大爷大妈在那里跳广场舞，没想到啊，广场舞在农村也这么盛行，甚至比城里更加盛行……”

请问听了上面这段话，你有什么感受呢？你知道这段话的重点是什么吗？如果把这段话的重点提炼出来，把不必要的内容过滤掉，效果会怎么样呢？我们不妨来看看：

“原来我总以为只有城里人爱跳广场舞，但实际上在农村广场舞也很盛行，甚至比城里更盛行。上个周末我去姑姑家，她家在很偏远的农村。我到她家里的时候，正好是中午，我想着她应该忙完了，在家做饭。但没想到啊，她居然和一群大爷大妈聚在一户人家门口跳广场舞！”

对比一下，前面的表达是否讲了很多不必要的内容呢？不必要的内容太多，就会造成主题不鲜明，还会造成重点内容不突出，让人不明白你到底想讲什么。因此，讲话时要根据主题需要，挑选重点内容讲。对于不必要的内容，要果断删除掉。

那么，怎样过滤不必要的内容，确保只讲重点呢？如图 2－4 所示。

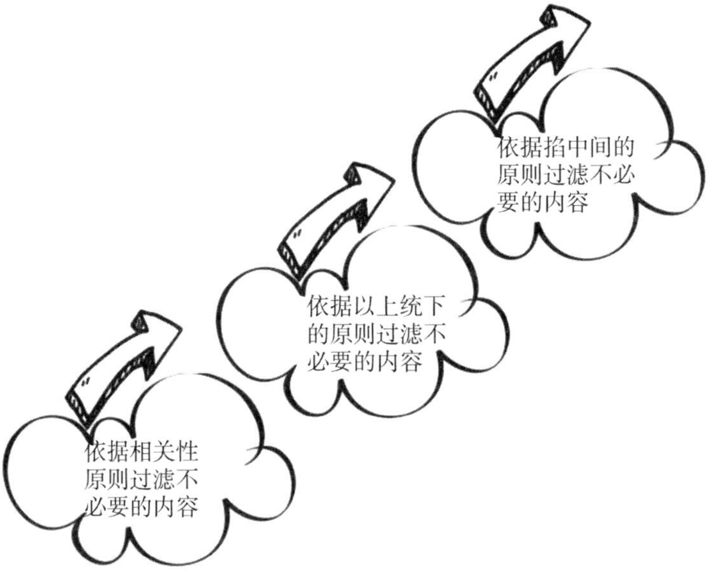

图 2－4　过滤不必要内容的三个原则

（1）**依据相关性原则过滤不必要的内容**

在简化表达、过滤不必要的内容时，要牢记一点，那就是与主题不相关或相关性不大的内容不要讲。比如，甲问乙："你觉得这个房间用蓝色的窗帘怎么样?"乙说："这个房屋的面积很大，摆设也很前卫，看起来主人应该是一个比较时尚的人，我认为用墨绿色的窗帘比较合适。不过阳台角落里好像缺了些什么，最好放上一盆植物!"

在这里，乙的表达就不够贴近重点。"这个房屋的面积很大，摆设也很前卫，看起来主人应该是一个比较时尚的人""不过阳台角落里好像缺了些什么，最好放上一盆植物!"这两句话与主题——房间用什么颜色的窗帘相关性不够强，可以不讲，或者说可以先不讲，直接讲"我认为用墨绿色的窗帘比较合适"就可以了。

具体来说，你可以这样练习：

①自己围绕一个主题说一段话并且录音。

②重听录音，找到这段话的重点。

③对比主题，看重点是否能说明主题：如果不能说明主题，说明重点还不够重点；如果能说明主题，则要思考能不能简化，是否说了不必要说的内容。

④重新围绕主题说一段更突出重点、更精炼的话。

⑤对比两段录音的效果，找到成就感。

（2）**依据以上统下的原则过滤不必要的内容**

所有的重点或结论都要有支撑论点，所有的原因都要支持结论。在过滤内容时，要坚持以上统下的原则。比如，在前面的案例中，"他们主要是以种田为生，不过大多数青年都出门打工了，只有过年才会回老家"，这句话并不能支持"广场舞在农村也这么盛行，甚至比城里更加盛行"的结论，所以应该过滤掉。

再比如，"我喜欢男神宋仲基，因为他长得帅，他的眼神温柔迷人，他的身材很好，穿什么衣服都好看。都敏俊也很帅，但我不喜欢他"，在这段话中，哪句话不能支持"我喜欢宋仲基"？很显然，就是最后一句"都敏俊也很帅，但我不喜欢他"。

依据以上统下的原则过滤不必要的内容的能力也需要练习，练习方法如下：

①围绕一个主题说一段话并且录音。

②重听录音，找到结论和论据。

③问自己："论据都能支持结论吗？有没有不能支持结论的论据？"

④修改论据，再次说一段话，并录音。

⑤对比两段录音的效果，找到成就感。

（3）**依据掐中间的原则过滤不必要的内容**

有一次，我去上海一个企业联盟举办的培训会上做演讲。对方原计划给我 30 分钟做演讲，可是在我登台之前，举办方对我说："前面几位老师讲得有点多，时间耽误了，导致您没有 30 分钟的演讲时间，您能不能浓缩您的演讲？拜托了！"

我是做什么的？浓缩讲话可是我的拿手好戏，因此我爽快地答应了。演讲之前，我把演示文档中间的 20 张幻灯片删掉了 8 张。尽管我很不舍，但考虑到与主题的相关性不是特别紧密，我还是忍痛割爱。

后来，我的演讲令大家印象深刻。因为我只用了 10 分钟，就把主题讲得非常透彻深入。主办方事后更是对我大加赞扬，说我在最短的时间内，讲了听众最想听的内容，是那几位老师中讲得最好的。

我是怎么过滤不必要内容的呢？很简单，留下开头和结尾，掐掉中间与主题相关性不是那么紧密的内容，或者掐掉中间不能完全支撑结论、不能完全说明主题的内容。当然，如果你的讲话本来就已经够精练了，那么你只能砍掉说服力相对较小的论据，以便达到简单表达的目的。

怎样练习掐中间内容的能力呢？我们可以这样练习：

①围绕某个主题说一段 3 分钟的话并录音。

②重听录音，在中间部分找出不能支持结论或不能说明主题的内容。

③修改中间内容，重新录音。

④对比两段录音的效果，找到成就感。

先说重点的一句话，再说重要的一些话

我们不断强调要先说重点，可是有些问题或事情比较复杂，有多个重点，如重点 A、重点 B、重点 C、重点 D，甚至更多，到底先说哪个，后说哪个呢？很多人觉得，反正都是重点，干脆一股脑儿说出来吧！

有一次，在外出差的总经理打电话给秘书小黄，叫她帮忙去家里取东西："小黄，今天中午你有空吗？我家在知春路翰林街阳光小区 5 单元 603 室，你去找门卫大叔拿钥匙，他是我的亲戚，我出差前把钥匙给他了，你到我家取一份文件。文件在我家卧室左边床头柜的第二个抽屉里，拿到文件后，送到 ××公司，交给他们的总经理。"

秘书小黄直接迷糊了："您……您说什么，我没听清，您再说一遍！"

结果，总经理又说了一遍，可小黄还是没听清，直到总经理说第三遍，小黄拿着本子做记录，这才把任务搞清楚。

其实，总经理完全可以这样说："小黄，你中午抽空去一趟我家，帮我拿个文件，地址我一会儿发给你。"如此，不就马上清楚明白了吗？

很明显，后者表述简单得多。而前者一股脑儿将重要信息说出来，给出的信息太多，秘书小黄根本记不住。还不如发个短信，便于查看。即使不发短信，也可以在说了"重点的一句话"后，将"重要的一些话"慢慢道来，例如：

总经理：小黄，你中午抽空去一趟我家，帮我拿个文件。

小黄：好的，地址在哪？

总经理：知春路翰林街阳光小区 5 单元 603 室，到了小区之后找门卫大叔拿钥匙。

小黄：文件在你家什么地方？

总经理：卧室左边床头柜的第二个抽屉里。

小黄：把文件拿到哪里？交给谁？

总经理：把文件送到 × × 公司，交给他们的总经理。

你看，经过这样的对话，整件事是不是清楚明了？这就是先说重点的一句话，后说重要的一些话的好处。它能有效避免重要信息搅和在一起，造成理解偏差、记忆混乱。在运用这个原则与人沟通时，要注意以下几点：

（1）**确定重点的一句话**

重点的一句话，可以是直奔主题的要点概括，也可以是表达态度和立场的观点结论，还可以是汇报某项工作的结果，符合对方的心理需求，能够激起对方的兴趣。

比如，在《三国演义》电视剧中，曹操活捉吕布，吕布请求曹操放自己一马，表示愿意为曹操效力。大家知道，吕布武艺高强，曹操本想让他留下来为自己效力，但又害怕驾驭不了他。在犹豫不决之际，曹操问一旁的刘备有什么看法，刘备只说了一句话："曹公忘了丁原和董卓吗？"就是这句话，一下就使曹操下定决心杀掉吕布。

再比如，美国通用电气公司前 CEO 杰克·韦尔奇小时候有严重的口吃，这让他深感自卑，并且害怕表达，害怕与人交往，从而变得沉默寡言。为了让韦尔奇摆脱口吃的影响，母亲拍着韦尔奇的小脑袋，轻描淡写地说："孩子，因为你太聪明了，你的嘴巴无法跟上你聪明的脑袋瓜子，所以才会出现口吃的。"这句话一下子让韦尔奇获得了自信。

又比如，一位商人前往印度，向一位企业老板推销大型生产设备，事先他与对方通话："我准备到加尔各答去，顺便到新德里去拜访阁下，只要能见上一面就满足了。"对于生意上的事情，商人只字不提，那位老板勉强答应了他的请求。

到了加尔各答后，商人来到那位老板的办公室，对方一开口就提醒道："我很忙，请勿多占时间。"商人表示不会耽误太多时间，然后对那位老板说："阁下，您好，我衷心地向您表达感谢，因为您我才有幸在过生日的这一天，再次回到我的出生地。"

这句话一下勾起了那位老板的兴趣，他一改严肃的表情，微笑地问商人："先生，您出生在印度吗?"随后，他与商人进行了热情的交谈，并购买了商人的生产设备。为什么这句话这么有威力?因为商人事先了解到，那位老板爱国情结浓厚，只跟本国人合作。所以，他才针对性地说了一句重点的话。

在沟通中，重点的一句话是充满分量的，有分量的话不在多，而在于精、在于准。在与人沟通时，尤其与陌生人沟通时，与其一开始就长篇大论、滔滔不绝地讲你认为重要的话，不如针对对方的心理，说出能够引起对方兴趣的话。这会为后续沟通铺平道路，打下基础。

（2）**再说重要的一些话**

有时候，只说重点的一句话或许还不够，因为有些事情一句话是说不清楚的，你必须再说一些重要的话，以达到沟通目的。但前提是你说的重点的一句话能够引起别人的兴趣，这样你才有机会说出重要的一些话。

一天，明熹宗朱由校正在后宫休息，东阁大学士孙承宗急匆匆地来报："皇上，后金已犯我边关，不过敌人已被我军击退了。"

明熹宗先是一惊，随即镇定下来，问："具体是什么情况?"

孙承宗继续禀报："金兵来势凶猛，我军着实处于劣势，幸亏边关将士反击有方，才将敌军赶出境外。同时，今年边关发生干旱、瘟疫，饥民向我明军乞食，扰我军营，于我防守边关甚是不利。故请皇上恩准臣调拨军饷、粮草、衣被和大炮、炸药，以犒军恤民、固守城池，不知皇上意下如何?"

明熹宗听了转忧为喜，当即痛快地恩准了。

金兵来犯，军情紧急毫无疑问是最重要的信息。同时，"敌军已被击退"是结果性的信息，所以，那句"后金已犯我边关，不过敌人已被我军击退了"是最应该先说的。这句话一出口，马上吸引了皇上的注意力，然后孙承宗才能继续道出详情，并适时提出建议，最终顺利达到了沟通目的。

由此可见，先说重点的一句话，一开口就吸引对方的注意力，再说重要的一些话，是非常高效的沟通法则。这就提醒我们，在与人沟通时，一定要认真思考和组织重点的一句话以及重要的一些话，力求做到简单表达，保证沟通的效率。

30 秒电梯理论：在 30 秒内充分表达出重点

有一次，麦肯锡公司为一家大公司做咨询。咨询期间，麦肯锡的项目负责人在电梯间遇到了该公司的董事长。董事长询问项目的进程，该项目的负责人当场乱了方寸，不知道从何说起。由于没有任何准备，他没办法在电梯从 30 层下到 1 层的 30 秒内说清楚项目进程，结果，麦肯锡失去了这个重要客户。

这件事让麦肯锡公司意识到员工表达能力的重要性，经过反省和总结，麦肯锡公司要求员工凡事要在最短的时间内把结果表达清楚。这就是如今企业界广为流传的“30 秒电梯理论”，又叫“电梯演讲”。麦肯锡通过 30 秒电梯演讲培养员工的表达能力，就是要员工掌握简单表达的技巧，以便获得理想的沟通效果。

每个人都应该具备在 30 秒内把结果表达清楚的能力，否则可能会错失大量的机会。比如，工作面试时，你能否在 30 秒内做一个令人印象深刻的自我介绍？干部竞选时，你能否在 30 秒内说明你的优势，喊出你的誓言？拜访客户时，你能否在 30 秒内介绍产品并引起客户的兴趣？这关系到你面试、竞选、推销的成败。

不要觉得 30 秒太短，实际上足以让你说清自己想要表达的观点，足以引起听众的兴趣，吸引听众的注意力，足以说服听众或者令听众信服。它可以比 3 分钟、30 分钟甚至 3 个小时更加高效。

不要觉得 30 秒太短，实际上，人类在沟通中保持专注倾听的时间大概只有30秒。30秒之所以是说清重点的理想时间，还有两个原因：一是现在人们压力大，工作忙碌，没有时间听你慢慢说；二是现在人们普遍较为浮躁，没有耐心慢慢听你说。所以，别人的耐心只能接受30秒内传达的信息。

曾在一本刊物上看到一个小调查：调查人们在倾听时从4秒钟到4个小时之间的注意力变化。最后发现，大多数人在1分钟之内的注意力是最集中的，超过了1分钟后，人的注意力就分散了，就没耐心听下去了。

某位商人曾在一次商业会面中败兴而归，他沮丧地说："我的生意伙伴太没耐心了，我的合作方案还没说，他就不耐烦地说没兴趣与我合作。"或许他的合作伙伴真的没有耐心，或许是他的方案太差，但更有可能是他无法在最短的时间内说出重点。

记住，大多数人的注意力只有30秒，不要用没有重点的表达考验别人的耐心，否则吃亏的是你自己。那么，要想在30秒内充分表达出重点，需要注意什么呢？如图2-5所示。

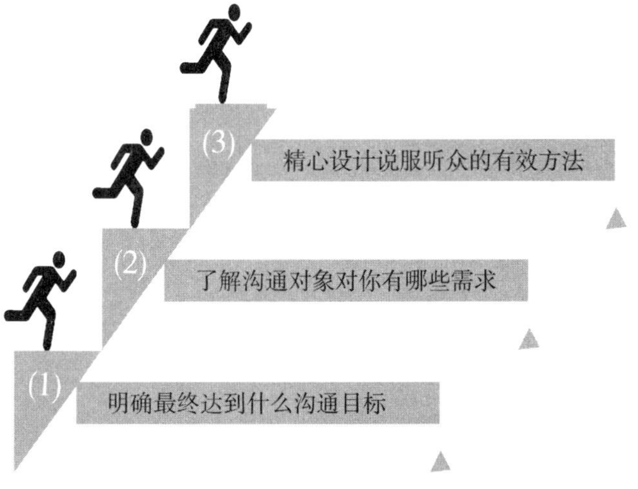

图2-5　在30秒内表达重点的注意事项

（1）**明确最终达到什么沟通目标**

要想在30秒内充分表达出重点，最基本的原则就是拥有清晰的沟通目标，然后围绕目标去组织语言，表达自己的想法。比如，你希望在公司担任更加重要的职位，你希望获得休假，你想约一位中意的女孩出来看电影，你想把产品卖给客户，你想获得升职，你希望以更低的价格购买一辆汽车……这些都是沟通目标。

沟通目标越清晰越好，而且最好一次只有一个沟通目标。当你说不清楚自己的沟通目标时，你会浪费很多时间和机会。那么，如何确定沟通目标呢？你可以多问自己几个问题：我为什么要跟领导沟通？我为什么要约女孩出来？我为什么跟客户碰面？我为什么要去跟汽车导购还价？明确了沟通目标之后，再去找正确的对象进行沟通。

（2）了解沟通对象对你有哪些需求

你想说服别人，你想达到自己的目的，那你能满足别人什么需求？能给别人带去什么好处？这是 30 秒内充分表达出重点的第二个基本原则。如果你在 30 秒内让对方看到你能给他带去好处，能满足他的需求，他自然对你的话充满兴趣，愿意听你多说几句，愿意配合你、支持你，给你行个方便。

本·霍利斯特是某公司的营销经理，半年前他推迟了休假，现在他想休息两周，这就是他的目标。公司总经理是能批准他假期的人，所以霍利斯特找到总经理，对他说：

“疲惫的马儿怎么能驰骋呢？让我休假两周吧，这对我好，对您也有利。您知道，我非常热爱自己的工作，也很努力，我不想丧失热情。但我现在很疲惫，我需要放松一下。我已经把部门工作安排好了。如果出现紧急情况，助理玛瑞纳能够应付。两周后当我回到工作岗位时，我的努力程度会翻倍，效率也会翻倍。您能在本周五之前给我答复吗？”

霍利斯特在 30 秒内充分表达出重点——让我休假对我好，对您也有利。他清楚总经理的需求：首先，不能因为他的休假而导致销售部门的工作陷入混乱，所以他对总经理说：“我已经把部门工作安排好了。”其次，不能因为他的休假影响公司效益，所以他对总经理说：“两周后当我回到工作岗位时，我的努力程度会翻倍，效率也会翻倍。”霍利斯特在 30 秒内表达出重点，这就是他顺利达到休假目的的表达策略。

（3）**精心设计说服听众的有效方法**

想在30秒内充分表达出重点，甚至直接说服别人，就必须精心设计有说服力的言辞。在这里，我推荐一个“数据+案例+对比”的说服技巧。例如，你想应聘某个职位，你可以对面试官说：“我有5年的工作经验，处理过上百起这类业务（数据）。××公司的那个××项目，就是我做的（案例）。之前我们公司领导对这块业务很不满意，我接手一年后，这块业务成了公司的重点业务（对比）。”

这句话非常简练，但却概括了所有重点，对于面试官来说，这是最具说服力的。需要注意的是，数据越具体越可信；案例中所透露的公司名称、项目名称越有名越有说服力；对比越鲜明越能打动人。

我们以霍斯利特的休假请求为例，他可以对总经理说：“半年前我就可以休假，但我选择了工作，在这半年里，我领导销售部创造了××业绩；前段时间，我们集体攻坚拿下××项目，就是经典的例子；我现在很累，想休假两周，两周后回来我的努力程度会翻倍，效率会翻倍。”

当然，这个表达公式不是一成不变的，也不是放之四海皆准的。它只是一个参考，正因为如此，才需要大家针对沟通对象的特定性格、独特需求以及针对具体事情，灵活地设计有效的说服言辞，以便在30秒内打动对方。

别把工作汇报变成老太太的裹脚布

身在职场，汇报工作如同家常便饭。虽然这便饭天天吃，可不是每个人都能吃得香。很多人在汇报的时候，想到哪里说哪里，全程无重点、无亮点，领导听得一头雾水。这样的工作汇报就像老太太的裹脚布，又臭又长，怎么让领导有兴趣听下去呢？又怎么能赢得领导的欣赏呢？如果你想让领导对你刮目相看，就得掌握会说重点的汇报技巧。

石头刚进公司不久，上周总经理让他负责一个小项目。石头非常重视这个项目的完成质量，接到任务后就投入 120 分的努力，想尽办法做好。终于，第一阶段的工作圆满完成，按计划本周五要汇报进度，好让总经理做下一步安排。

石头心里很清楚，工作汇报好不好会产生两个方面的影响：一方面是汇报能不能打动总经理，接下来获得更多资源继续推进项目；另一方面是能不能通过汇报赢得总经理对自己的认可，将来获得更多机会。

为了稳妥起见，石头决定请教高手。他马上想到跟自己关系很好，平时对自己很照顾的一个前辈，此人善于沟通，处事能力不错。前辈说，汇报其实不难，只要按三个步骤汇报工作即可，如图 2 -6 所示。

第 1 步：说背景——该项目是在什么情况下开始的，当时面临怎样的环境？

第 2 步：谈行动——为了完成项目你采取了什么行动，克服了哪些困难？

第 3 步：讲结果——行动取得了怎样的结果？因为领导只关心结果。

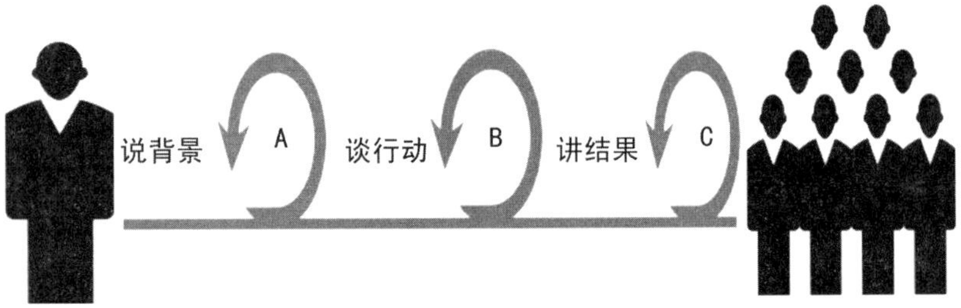

图2-6　汇报工作三步走策略

石头恍然大悟："就这么简单啊！"

前辈说："这是基础版，工作汇报要清楚，不能缺少这三个要素，但还必须具备两个要点，都告诉你吧，谁叫咱们关系这么好呢！"

要点1：先说重点。汇报一开始，首先说重点。什么是重点？结果肯定是重点。其次，项目的意义也是重点。把这两者结合起来，你可以先说项目的意义，再说项目取得的结果。最后，再按照上面三个步骤进行细讲。

要点2：重点突出。在整个汇报过程中，从最开始的重点，到背景、行动、结果，这几大块里都应该突出重点。换言之，就是说背景、谈行动、讲结果都要拣要点说，不必要的内容应该过滤掉。这样能从整体上控制汇报的时间，保证汇报的效率。

最终，石头的项目汇报圆满完成，总经理不但对石头的工作表现非常满意，对石头的汇报表现也非常满意。

当然，工作汇报得再漂亮，也是建立在努力工作和出成果的基础上。相比于做好工作，汇报只是锦上添花。但如果工作做得很好，工作汇报得也很漂亮，那不是更完美吗？所以，一定要在思想上重视工作汇报，并且要注意汇报中的几个重点，如图2-7所示。

（1）**汇报工作谈结果**

任何时候，结果都是领导最想听到的。所谓结果，就是事情办得怎么样，比如工作进展到什么状况，任务执行到什么地步。很多人在汇报工作的时候，习惯性地先说事情的过程，或把困难说一大堆，最后告诉领导结果。殊不知，这样因果思维的汇报方式会耽误领导很多时间。大家都知道领导的时间宝贵，

图 2－7　汇报工作要注意的四个重点

很可能领导没耐心听完你讲的过程，就打断你："赶紧给我说结果。"

正确的汇报思路是先告诉领导结果。如果领导想了解事情过程，你再叙述缘由，否则不必过多赘述。汇报结果时，最好以数字和表格的形式呈现，这样领导看起来更直观，更容易理解。结果不论好坏，都应该如实汇报给领导。有些人见结果不好，就想方设法搪塞蒙蔽领导，这是非常愚蠢的。这样不但不利于问题的及时解决，还会影响你在领导心目中的印象，甚至会惹怒领导。

（2）**请示工作谈方案**

请示工作也是工作汇报的一种形式。在实际的工作中，有些人向上级请示工作时，往往理直气壮地把问题抛给领导，让领导拿出方案自己参照执行。这么做的用意无非有两个：一是寻找答案，二是推卸责任。有些领导也未意识到下属这样做有什么不妥，认为下属有问题找领导解决是天经地义的。殊不知，久而久之，下属很容易失去独立思考和主动解决问题的能力。

英明的领导不会下属问什么，就告诉下属怎么做；聪明的下属也不会遇到问题，就向领导寻找答案和方法。他们会在请示领导的时候说出两三个方案，供领导参考和选择，听从领导的意见和建议。

比如，单位计划举办一次重要的外宾演讲，要确定一个场地。对于这件小事，你请示领导时最好不要问：“领导，您认为在什么地方举办演讲比较好？”而要实地考证，拿出备选方案，并说明每个场地的特点，给出倾向性的意见。

你可以对领导说：“我准备了三个备选场地，A 场地装修豪华，地方宽敞，容纳的人数比较多，但租金较贵；B 场地装修精致，但是容纳的人数有限；C 场地更宽敞，租金便宜，但音响效果一般，且位置比较偏僻。您看哪个场地比较好？”

领导可能问你：“你有什么意见？你觉得哪个场地更合适？”

你说：“考虑到外宾的影响力较大，我认为在 A 场地举办演讲比较好，您看是否妥当？”

这样的请示汇报领导一目了然，便于决策，领导对你的印象也会更好，觉得你办事能力强。

记住，请示领导的时候一定要准备方案，即使方案不成熟，也要大胆地提出来供领导参考。一般来说至少准备三个方案，其中一个方案是你最中意的，在请示领导时你可以推荐给领导，并说明理由，便于领导决策。

（3）**突发情况说问题**

工作中遇到突发情况、紧急情况时，作为下属，我们要及时向领导汇报。汇报的时候，应该把问题提出来，让领导了解情况。如果领导想了解更多，我们还应该向领导汇报事情发生的起因。当然，别忘了提出解决方案，这一点上面已经说得很明白。

（4）**工作总结说成绩**

工作进行到一定阶段或某项工作完成后，在工作汇报时，领导往往会让我们做个工作总结。这时你最好说明你做了什么，取得了什么成就，让领导觉得你不是一个碌碌无为的人，还是取得了一些成绩的。

总之，在汇报工作时要坚持说重点的表达原则，切忌眉毛胡子一把抓，什么都说，什么也没说清楚，导致工作汇报像老太太的裹脚布“又臭又长”。这不仅耽误领导的时间，还浪费自己的口舌，更郁闷的是还出力不讨好。

第3章

直接：能直截了当地说就不要绕弯子

两点之间，直线距离最短。与人沟通，有话直接说效率最高。如果你想实现简单表达、高效沟通的目标，那就不妨坚持一个原则——凡是能直截了当说的事情，就不要拐弯抹角绕弯子。因为放弃高速公路不走，固执地走羊肠小道是愚蠢的，当然，也是低效的。

表达的曲线路径与直线路径（绕弯 vs 直接）

在我们身边，有这样一类人：

你问他问题，他不会直接回答，而要先问你为什么问这个问题；

你给他提建议，他不接受也不反对，而是东拉西扯找借口；

你跟他说事情，他却顾左右而言他，绕来绕去就是不正面回应；

你请他帮忙，他不直接说“行”或“不行”，而是含糊其词说自己的难处；

你问他事情办得怎么样，他不说事情进展情况，而是说一堆不相关的理由；

……

重点是，他们根本不承认自己在绕弯子。我以前就遇到过这样一位领导，他给你安排任务，或想提醒你注意某个问题，或想批评你，全都是拐着弯说。每次听他说话，我都觉得是煎熬，看着手头还有工作要做，我真的很想对领导说：“有话直说，别绕弯子！”

我们把说话绕弯子称作表达的曲线路径。从心理学上说，喜欢走曲线路径去表达的人通常有强烈的防御心理（如图 3－1 所示）。他们之所以绕弯子，也许是因为场合的缘故，或是习惯了看人脸色，或害怕惹上麻烦，或害怕承担责任。所以，对于谈话的主题，他们没办法直接表达。他们在模棱两可表态的同时又故作从容，实际上却在留意对方的一举一动，这就是他们高度防御意识的表现。

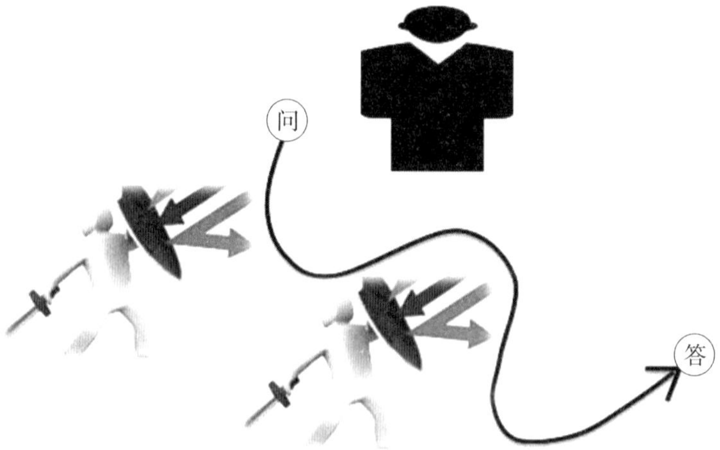

图 3－1　表达的曲线路径

防御意识与坦诚、诚意、信任是天敌，人与人之间一旦有了防御意识，沟通就会变得复杂起来。因为会警惕，会怀疑，会局促不安，所以无法敞开心扉地交流。这不但耗费自己的精力，让自己陷入疲惫的精神状态，还会让对方感受不到真诚，最终也会影响沟通质量和沟通效率。

大伟是项目团队的重要一员，其负责的工作最近发生了延期，导致整个项目进度放缓。项目总监找他谈话，了解工作延期的原因。

总监："大伟，你负责的工作最近延期了，能简单说明原因吗？"

大伟："前两天我老婆生病了，我请了几天假，工作就耽误了。本来我是不想请假的，可是家里上有老下有小。现在真的不敢去医院，一住进去就要全面检查，什么 X 光，什么 CT，什么验血、验尿，都要来一遍，花钱不说，还特别耽误时间。本来没什么大碍，非得让你住院观察几天，唉！"

总监："只要人没事就好！还有其他技术原因吗？"

大伟："人是没事，在家静养几天就好了。工作延期有技术的原因，本来想引进一些新的想法，但被家里的事情耽搁了。请假前我把工作交给小赵来做，结果回来……"

总监："5 分钟后我要开会，时间宝贵，我问你来答就好了……"

通过一问一答的沟通方式，总监才了解清楚大伟工作延期的原因。本来这件小事3分钟就可以了解清楚的，可最后花了10分钟。

为什么大伟带着防御心理绕着弯子说话？很明显，他害怕承担责任，害怕领导批评他，所以领导问他工作延期的原因，他马上说老婆生病了，好争取领导同情，也好让领导理解自己。然而，绕弯子说话会严重影响沟通效率。

其实，大伟完全可以采用直线路径去沟通，领导问什么，就直接回答什么。这样既显得自己坦诚，又表现得敢于承担责任，反而会给领导留下好印象。例如：

总监："大伟，你负责的工作最近延期了，能简单说明原因吗？"

大伟："原因有两个：一是我老婆生病我请假了几天，二是我请假时把工作交给小赵，可是小赵没有完成好，所以我回来后再重新做，导致工作延期。"

就这样一句话，就把工作延期的原因交代清楚了，2分钟就可以搞定。对比一下前面的对话，这种走直线路径的沟通方式效率高得多。

那么，要想走直线路径去沟通，需要注意什么呢？如图3-2所示。

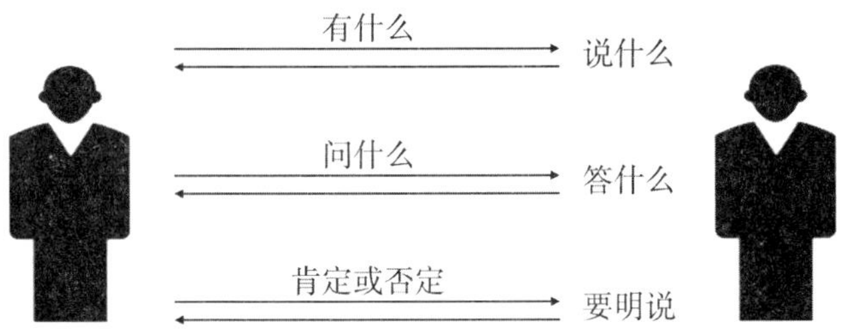

图3-2　表达的直线路径

(1) **有什么，就说什么**

如果你主动找别人沟通，想要和别人谈事，除非特别忌讳的事情，或当时的情况不允许你直截了当地说，否则你最好有什么就说什么。比如，你想约同事吃饭，不妨直接说："下班后一起吃饭，我请客！"而不要问："下班了干什么去啊？""下班了有事吗？""最近忙不忙？"这样对方就能马上知道你的意思，有没有时间，愿不愿意去，可以直接回复你。

当然，有什么就说什么不等于什么话都乱说，而不考虑他人的感受。特别是对他人负面评价的话，不能随便乱说。我们这里所说的“有什么，就说什么”，指的是你和别人商量某件事情，应该开门见山地直接表达。

（2）**问什么，就答什么**

在沟通中，面对别人的提问，只要不涉及个人隐私或他人秘密，为了保证沟通效率，我们最好做到“别人问什么，直接答什么”，没必要绕来绕去，遮遮掩掩。这样既没效率，又不真诚。

比如，领导问你：“你手头工作做完了吗？”你回答“有”或“没有”就可以。而不要说：“今天挺忙的，本想把工作做完，没想到同事小刘叫我帮他做件事，结果把我自己的工作耽误了。”等你回答“没做完”时，领导自然会问你：“还有多少？什么时候能做完？”然后领导根据你的回答，再考虑是否给你安排新工作。

对于不知道的问题，不好回答或者不愿意回答的问题，你也可以采用直线路径去回答：“这个问题我也不清楚。”“这个问题不便回答。”“我不想回答这个问题。”尽管这样回答别人显得有些不近人情，但在快节奏的职场，能帮你免去很多不必要的麻烦，帮你和他人节省很多沟通时间。

（3）**肯定或否定，要明说**

在沟通中，出现不同意见和观点分歧是正常的。尤其是在公司会议上，对于他人的观点和提议，很多人明明不赞同，但为了不伤和气、不得罪人，还是违心地表示赞同或默许；或先肯定对方，当对方以为自己的观点得到赞同时，他又绞尽脑汁地把自己的反对意见含糊地表达出来。

表面上看，这是照顾别人感受的做法，实际上却是不坦诚的表现。交换意见的时候，本应该开诚布公，各抒己见，大家有什么想法，都应直接摆在桌面上谈，这才方便交换意见，便于发现分歧，最终达成一致。如果大家有意见不直接说，而是大费周折地委婉表达，会让沟通变得复杂。所以，发表意见和看法时，无论你的观点是肯定的还是否定的，要明说。

简单表达首先就要开门见山

吃包子的时候，大多数人都希望第一口就吃到包子馅儿。读一篇文章也是这样，大家都希望一开始就看到文章的主题。沟通的时候更是如此，大家都希望一开始就听到重点。如果我们说话爱绕弯子，偏离主题和重点太远，不仅会耽误听众的时间，还可能让听众失去耐心，导致沟通无疾而终。

有句话叫“女人心，海底针”，意思是女人心思细腻，不善于表露，沟通的时候又特别含蓄。这让很多恋爱中的男人叫苦不迭，有时候男人无意间做的某一件事、说的某一句话会惹得女人不开心，于是女人生闷气、不理人。男人一头雾水，不知道女人到底怎么了。就算主动询问，女人也不会明说，相反，还会假装若无其事地说：“没什么，我没有不高兴，不要管我。”情况严重时，把男人惹恼了，双方就可能互不搭理，互相较劲，谁都不主动和解，进而陷入冷战，搞得大家都不开心。不少恋人就是因为沟通不畅而产生误解，最后导致分手。

其实，如果能开门见山地表达自己的想法，而不是把话藏在心里让对方去猜，很多心结就很容易化解。比如，女人直接说：“你刚才当着我的面说我同事漂亮，让我很不高兴，你到底是什么意思？”再比如：“刚才吃饭的时候，你居然给我闺密夹菜，你考虑过我的感受吗？”把内心的不满摆到台面上说，甚至直接吵一架，发泄一下不良情绪，心里反而好受些。

所以，要想把沟通变成一件简单的事情，首先就要学会开门见山，直接说明重点，直接表达观点，而不要绕来绕去，让人不知所云。那么，要做到开门见山地直接表达，具体要注意什么呢？如图3-3所示。

图3-3 开门见山的三个要点

（1）**不绕弯，直接说结果**

在《列宁在1918》这部电影中，有一个情节让人印象深刻：

有一次，列宁的忠诚卫士瓦西里奉命去运粮食，任务非常紧急而艰巨。回来后，列宁问瓦西里："粮食运回来了吗？"

瓦西里说："运来了，一共90车皮。"

如果瓦西里说："报告领袖，这次任务实在是太艰巨了，先是遇到……然后又发生了……接着又碰见了……"绕了半天，也不说粮食到底有没有运回来，列宁会不会跟他急？所以，结果是什么就说什么，不要绕来绕去，半天说不到重点。

（2）**不解释，直接说责任**

有些人说好事时，做得到开门见山说结果，可是说不好的事情时，则忍不住解释半天，生怕承认自己无能，或害怕承担责任。这种现象经常在工作汇报中出现，例如：

有一次，小柯跟了很久的大客户跟同行签单了，小柯在走廊里看见领导，就向领导汇报这件事："领导，有个姓张的客户是我们上次在展览会上认识的，您有印象吗？您当时说他是个大客户，安排我去跟进。我加了他的微信后，跟他聊得很投缘。前期我花了很长时间，做了很多准备工作，多次约他出来谈合作……”

“说重点就好，到底有没有拿下这个客户？”领导听不下去了，催促道。

“这就是我要告诉您的啊，本来我很有信心拿下这个客户的，而且这个客户也答应了和我们合作，可是昨天约他出来，他却说已经买了别人的产品……”小柯解释道。

“说了这么多，最后就想告诉我，你没拿下这个客户是吗？”领导生气地反问。

“是没拿下来，都怪这个客户太不讲信用了。”小柯说。

“那就直接说没拿下来不就行了？说这么多废话干什么！”说完领导就走了。

在这个案例中，小柯之所以惹恼了领导，就是因为他在汇报工作时，没有直接说明跟进的结果，而是解释半天，强行给自己洗白，生怕被领导批评。如果小柯直接说：“领导，我要跟您汇报一件事情，上次那位姓张的大客户，我没有拿下来，他已经跟别人合作了！”也许领导听了这话，反而会安慰他：“没拿下来就算了，不必往心里去，再发展新客户！”

领导日理万机，时间宝贵，在跟领导沟通时，能简单就简单，能直接就直接，千万别太啰唆，也不必在没做好工作时给自己解释，那样既耽误领导的时间，又给领导留下爱找借口的印象，对你是没有好处的。

（3）**不纠结，直接说想法**

与人沟通尤其是与领导沟通时，最好做到不纠结，直接说想法。比如，领导拿出两三个方案，然后问你哪个方案好，你应该有鲜明的态度，直接说哪个方案好，哪个方案不理想。领导听了你的意见后，肯定会问：“为什么说这个方案好，那个方案却不理想？”此时，你再跟领导说明理由。

千万别在几个方案之间来回犹豫，一会儿说“这个方案好”，一会儿又说“那个方案也不错”，一会儿又对领导说“两个方案都可以，无论你用哪个方案，我都支持”，这种婆婆妈妈、优柔寡断的态度，会让领导觉得你是个没有主见、没有想法的人。

再比如，朋友遇到了两难抉择，向你寻求建议。你在了解了两个选项后，不妨直接说明自己的态度：“如果我是你，我会这样……你觉得呢？可以参考一下我的意见！”这样会让朋友觉得你很坦诚。假如你不敢直接表明态度，含糊其词地说：“这两个选择都可以，你自己看着办吧！我也不知道怎么办！”朋友可能会觉得你不够意思，关键时刻不敢出主意，靠不住。

直奔主题前的铺垫尽量少一点

有一类人说话比较含蓄委婉，切入正题之前，喜欢先说一些话做铺垫，然后才慢慢道出主题。举个例子，朋友来找你，假如和你聊了 30 分钟，前 25 分钟可能都是跟你天南海北地聊，死活就是不说来意。最后 5 分钟才说重点——借钱！你看，前面 25 分钟都是在铺垫，都是在酝酿，只为最后 5 分钟说出借钱的请求时，双方不会觉得尴尬，或自己说出借钱两字时不会觉得别扭。这就是铺垫的好处。

但凡事过犹不及，不能因为铺垫有好处，就无休止地长时间铺垫而不说正题。我们强调说话要直接，要开门见山，要直奔主题，但又不否认铺垫的作用，那么，怎样在这两者之间做到最佳平衡呢？唯一的办法就是尽量少一点铺垫，多一点直接表达，快一点直奔主题。

有一次，一位下属找到总经理，说了一堆关于部门现存的问题。

总经理没有明白他这次沟通的意图，就直接问："你找我应该不只是为了诉苦吧？快说吧，找我做什么？"

这时下属才说出了真实意图："我想请您帮我出个主意，怎么解决这些问题？"

总经理自然乐意效劳，最后给他提出了一些管理建议。

就在谈话结束，下属准备走出总经理办公室时，总经理忍不住说了句："以后找我说事，能不能少一点铺垫，尽量快点说重点？"

"上来就直接说事儿，多不礼貌啊？"下属笑着说。

“礼貌是要讲的，适当的铺垫也是要的，但我建议把铺垫的内容精简到最少化，以便节省更多的时间来沟通正事，你说呢?”总经理说。

把铺垫的内容精简到最少化，以便节省更多的时间来沟通正事，是非常有道理的。尤其在职场，大家的时间都很宝贵，特别是领导，每天都要不停地和大家沟通。如果能少一点铺垫，快一点直奔主题，沟通效率就会提高很多。

那么，怎样才能把铺垫精简到最少，而又不让沟通双方感到直奔主题太唐突呢？以下几点建议值得参考，如图3－4所示。

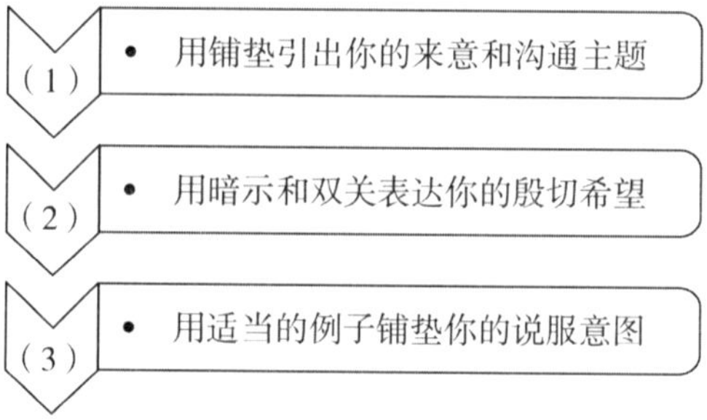

图3－4 三种简单的铺垫方法

（1）用铺垫引出你的来意和沟通主题

“水蒸气在高空遇冷液化后产生的小水珠或者凝华而成的小冰粒形成了云……”如果老师走进教室就直奔主题地讲起云的概念，相信很多学生会很难理解这句话的含义。因为老师没有做必要的铺垫，学生感到很突然。

如果老师这样说：“同学们，相信你们都见过天边的云彩，白云的形状多种多样，有的像棉花，有的像动物……在观赏云的时候，你们是否会产生疑问：云是怎么产生的？今天，我们就带着这个问题去寻找答案，了解云是怎么产生的，好不好?”有了这些话的铺垫，学生的注意力就会都集中到云上，当老师再讲出云的概念，相信大家就比较容易理解了。

这个例子启发我们，在与人沟通时，当对方不清楚我们的来意，不清楚我们要和他说什么主题时，我们可以通过适当的铺垫，引出想要沟通的主题。这样的铺垫一出口，对方就能明白我们的来意，从而自然过渡到正题的沟通中去。

华强让朋友李宏帮忙筹集 20 万元资金，准备投资做生意。李宏东拼西凑，帮华强筹集了这笔钱。可是在李宏将钱打给华强后不到一周，华强就在一场车祸中身亡。李宏陷入了两难境地：如果开口追款，会刺激华强的妻子；如果不提此事，自己就陷入了窘迫的境地。到底该怎么办呢？

这天李宏找到华强的妻子，对她说："嫂子，真没想到强哥会遇到这种事，我们的合作才刚开始呢。要不这样吧，强哥的那些关系户你也认识，你就出面把这笔生意继续做下去吧！需要我跑腿的时候你尽管说，吃苦花力气的事情我不怕。"

华强的妻子马上明白了李宏的意思，对李宏说："这次意外让你的生意耽搁了，我自己也没心思干下去，我还是把钱还给你吧，你自己再找人合伙做生意吧！"

就这样，李宏顺利达到了追款的目的。

在这里，李宏的铺垫就恰到好处，一句"真没想到强哥会遇到这种事，我们的合作才刚开始呢"，就把自己的来意交代得很清楚，随后很自然就谈到了主题，一点都不唐突。

（2）**用暗示和双关表达你的殷切希望**

对于正式的沟通，由于双方都清楚沟通的主题和目的，按理来说可以开门见山，直接谈论主题。但有时候为了拉近双方的关系，营造好的沟通氛围，适当的铺垫还是有必要的。这个时候的铺垫就很讲究艺术，最好能够与谈话主题有所呼应，或暗示你的沟通目的。

1984 年 9 月，中国与英国在钓鱼台国宾馆进行关于香港问题的第 22 轮会谈。此次会谈的主题、中方的目的，英国也非常清楚。见面后，中方代表周南和英方代表伊文思做了简短的寒暄，为正式的沟通做铺垫。

周南说："现在已经是秋天了，我记得大使先生是春天前来的，那么就经历了三个季节了：春天、夏天、秋天——秋天是收获的季节啊。"这句铺垫言简意赅，精练得体，意味深长，它将中方诚恳的态度和希望以及坚定的决心，都表达了出来。它向英国代表发出暗示：1984 年秋季，是达成协议的关键时刻，内容是我国对香港主权的收复问题。

（3）**用适当的例子铺垫你的说服意图**

当你需要通过交谈达到一定目的，且需要说服别人时，如果一开口就直奔主题，很可能引起对方的反感，遭到对方的回绝。这个时候铺垫是必不可少的。而好的铺垫应该能为后面说服他人打下基础，为说服他人发挥助力。

在电脑问世初期，电脑还叫微机，还不够普及。有一所大学购置了一批微机，开辟了微机房，供全校师生学习电脑知识、上网查阅资料。但是校领导无论如何也不同意给微机房配备空调，理由是很多办公室都没有空调，微机又不是人，不怕热，干吗要空调?!

后来，校领导参观文物展览，发现一些文物破损严重。解说员回答说，由于文物部门缺乏经费，没有配备空调，导致文物所在的环境温度无法恒定，所以没办法长期保存。如果文物在恒定的环境中，会保护得很好。

这时微机房的负责人趁机对领导说："其实微机房装空调，也是为了保护微机，使机器更好地运转。"领导听了这话，当即答应给微机房装空调。

这个例子告诉我们，在说服别人之前，讲个道理相通的例子，或讲个有寓意的故事做铺垫，对后续说服他人是非常有利的。故事、案例、寓言既有趣，又能发人深思，本身就是很好的说服素材，只要与你的说服意图密切联系，就能起到推波助澜的作用。

不要害怕直接，多点真诚就好

很多人都怕说话太直接，所以开会表态的时候喜欢模棱两可：“还行吧，两个方案都可以！”答复别人的时候喜欢含糊其词：“过几天再说吧！”找人办事的时候喜欢欲言又止：“在吗？有点事想跟你说……我遇到了个难题，想要你帮忙，不过……不过我不知道怎么和你说……”

由于不好意思直接表达自己内心的真实想法，导致别人误解了自己的意思。最后，耽误了别人的时间，影响了两人的关系。比如，别人找你帮忙，你不想帮忙，却不直接说明，而是说“过几天再说吧，最近有点忙”。结果别人把希望寄托在你这里，干等了几天，等来的却是一场空，你说别人恼不恼？

生活中，因一方不好意思直接表态，导致另一方误解的事情屡见不鲜。

几年前，Z君喜欢上一个姑娘，于是向她表白，没被拒绝。Z君很高兴地告诉朋友，说他表白成功了，终于有女朋友了。之后3个多月，Z君每天不亦乐乎地给姑娘写情书、发短信、打电话，隔三岔五跟朋友秀恩爱，讲他们之间的事情。

但是，姑娘却从不回复Z君的情书，从不主动打电话给Z君。Z君约了她无数次，她才偶尔陪Z君一起出来走走，一起吃饭、一起看电影都是Z君的奢望。朋友问Z君：“这算是你女朋友吗？”Z君说：“当然算，她说她太忙了，等不忙的时候，肯定会和我一起吃饭、看电影。”

又过了3个月，Z君得到了姑娘的明确答复，她说她从来没有把他当成男朋友，他们只是普通朋友而已。

演了半年的独角戏，终于落下帷幕了。可想而知，Z君听到这句话时的心理阴影面积肯定远远大于当初的直接拒绝。

说话直接点，真有那么难吗？你怕说话直接会伤人，可你有没有想过，暧昧不清和含糊其词更容易把别人引入误解的深渊。

无论是爱情还是生活，凡是涉及沟通问题时，千万不要害怕直接。因为直接说出自己的想法，直接表明态度，能让别人更好地理解自己，从而有效地避免误解，省去不必要的麻烦。但是，直接的同时，别忘了多点真诚。

（1）**说话可以直接，但态度必须客气**

不论是托人办事，还是答复别人的求助，你都可以直截了当、直奔主题、只说重点。但说话的态度必须客气、礼貌，充分表达对他人的尊重，而不能让别人有被冒犯的感觉。

比如，求人办事的时候，可以用商量的语气把要办的事情说出来：

“能不能尽快帮我把这件事办一下？”

“如果你在百忙之中抽出时间把我的事情办了，我会非常感激的。”

“你可能不愿意接受我的建议，不过我还是希望你考虑一下！”

“真不该在这个时候打扰你，但实在没办法，只好麻烦你了！”

“我知道你手头也不宽裕，不过实在没办法，只好向你借一借。”

再比如，面对别人的求助，我们在答复的时候可以这样说：

“真的很抱歉，我现在帮不了你，你还是找别人吧！”

“对不起，我这一周要出差，没有时间帮你！”

“实在不巧，我上周刚买了车，现在手头没钱借给你了！”

只要你态度客气、诚恳，语气谦逊、礼貌，哪怕你说话很直接，也不会引起别人不快。相反，你的直截了当还有助于节省双方的沟通时间，加快沟通进程，提升沟通效率。

（2）**说话可以直接，但是别忘了微笑**

微笑和说话直接有什么关系？当然有关系，试想：你笑着直接表达自己的观点，和一脸严肃地直接表达自己的观点，甚至愤怒地直接表达自己的观点，给听众的感觉有什么不同呢？肯定笑着表达观点更容易让人产生好感，哪怕你说话很直接，对方也不会觉得你在冒犯他。这就是微笑的魅力。

“微笑外交”是现代世界上一种流行而奏效的交际术，也是直接表达高手非常重视的沟通技巧。据心理学研究发现，人们对于笑是最乐意接受的，爱笑的人往往能给别人留下好感。据悉，日本很多酒店在招收服务员时，不仅要求有一定的学历，而且要求爱笑会笑，要笑得自然、亲切、甜美。这样才能给顾客留下美好的视觉感，让人一见就舒服。

所以，在直接表达观点的时候，不要害怕引起别人的不快，只要你多点真诚的微笑，就不会引起别人的反感。特别是在直接表达不满，直接提出反对意见，或直接拒绝别人时，真诚、礼貌的微笑可以对沟通起到润滑剂的作用，有效地防止对方产生不愉快的情绪。

（3）**内容越有价值，说话越应该直接**

不知你是否发现，越有实力的人，说话越有底气；越有底气的人，说话也就越直接。你看马云站在台上发表演说或讲话时，就特别直接，底气十足。这不仅与他的身份、地位、财力有直接关系，还因为他所说的内容很有价值，至少他自信地认为那些话是有价值的。在这方面，有个经典的例子。

一天，一位40岁的中年人来到纽约洛德·汤马斯广告公司大厅，他让人给公司总裁递上一张便条，上面直接写道：“我在楼下会客厅。我能告诉你们广告是什么，我知道的东西你们并不知道。让你们知道这些，对我、对你们都关系重大。假如你们想知道广告是什么，就请人传话下来。”公司总裁拉斯克看到这张便条后，马上把那位中年人请上楼面谈。这位客人就是后来享誉广告界的奇才甘乃迪。

同样，我们在说话的时候，也要对自己所说的内容充满信心，要相信自己的话是有价值的，是大家感兴趣的。这样说话的时候才不会唯唯诺诺、扭扭捏捏、犹豫不决、欲言又止。除了信心，还要求我们有独到的见解，有不同寻常的信息，这样说出的话能带给人价值和好处，就像甘乃迪的广告创意一样。

“中转环节”能不要就不要

有位父亲高冷孤傲，自尊心极强，和儿子、女儿相处都不和谐，一个人住在老家。逢年过节或老家有事，原本应该直接跟儿子沟通，可他偏偏要先给女儿打电话，让女儿把他的想法转述给哥哥（即他的儿子）。每次儿子收到妹妹转来的信息，心里都特别不舒服。

首先，儿子觉得父亲的这种做法很像皇帝下圣旨，以彰显自己至高无上的威望。其次，让儿子恼怒的是，有些信息经过妹妹一转述就会失真。这点很好理解，因为人在转述信息的时候，多少会带着主观想法，无形中就可能导致原意走样。

明明可以直接沟通，却硬要找个第三者作为中转环节，这是典型的把沟通复杂化、把沟通曲线化的做法。一来显得毫无诚意，因为一方没有把另一方放在平等的位置上进行沟通；二来还会造成信息失真，产生误解，影响沟通的质量。

有个故事叫《驴是怎么死的》，特别值得那些有事不当面和别人沟通，而喜欢找人转述的人深思。故事是这样的：

驴拉磨回来，累得直喘粗气，躺在栏里动也不想动。

狗跑过来看驴，驴就向狗诉苦：“唉，老朋友，我实在太累了，真想明天休息一天。”

狗告别后，在路上见到猫，便对猫说：“伙计，刚才我看到驴，它实在太累了，它说想休息一天。也难怪，主人给它的活儿太多太重了。”

猫在墙角遇见了鸡，对鸡说：“驴抱怨主人给它的活儿太多太重，它想休息一天，明天不干活儿了。”

鸡看到羊，对羊说：“驴抱怨主人给它的活儿太多太重，不想给主人干活儿了。唉，不知道别的主人对他的驴是不是这样?”

羊看到猪，对猪说：“驴不想给主人干活儿了，它想去别的主人家看看。真是的，主人一点也不心疼驴，让它干那么多重活儿，还用鞭子抽打它。”

晚饭前，主妇给猪喂食，猪对主妇说：“驴的思想出了问题，你得重视一下。它不愿意给主人干活儿，它嫌主人给它的活儿太重了，它还说要找个对它好的主人。”

晚饭桌上，主妇对主人说：“驴想背叛你，它想换一个主人。这绝对是不可饶恕的，你准备怎么处置它?”

主人咬牙切齿地说：“背叛我的人，杀无赦。”

可怜的驴，就这样被传言“杀”死了。

驴之所以被传言“杀”死，实际上是因信息在中转中失真了，导致最后接收到信息的主人对最初发出信息的驴产生了天大的误解。这个故事告诉我们：信息中转的环节越多，发生失真的概率就越大。因此，请尽量直接沟通，“中转环节”能不要就不要。

比如，驴可以直接找到主人，对主人说：“主人，我今天拉了一天磨，太累了，能让我明天休息一天吗?”这样沟通非常清楚明白。驴也不至于白白送命，主人也不会错杀驴，失去一个干活的好帮手。

要想养成直接沟通的习惯，首先要在思想意识上认识到直接沟通的好处和找人转述的坏处。《驴是怎么死的》这个故事值得每个人深思。不论是主动找人转述，还是我们的话无意中被人传出去，都是没有直接沟通意识的表现。要想培养直接沟通意识，就要想着：凡事优先考虑直接沟通，而不能依赖于他人帮忙转述。

具体来说，在选择直接沟通的方式时可以参考以下几点，如图 3－5 所示。

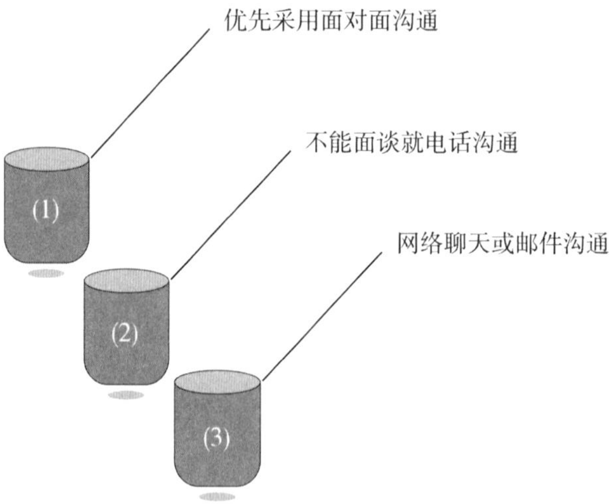

图3－5　直接沟通的三种常见方式

（1）**优先采用面对面沟通**

无论是工作上的沟通，还是生活中的沟通，最直接、最有效的沟通方式就是面对面沟通。“有话直说”“有话当面说”，就是面对面沟通的体现。面对面沟通具有交流直接、信心反馈速度快、交流的信息量大、效率高等多种优势。

面对面沟通还能带来其他好处，如情感银行投资，即混个脸熟。特别是关系一般的两个人，如果多见面聊几次，双方的关系就会亲近起来，有助于彼此了解。所以，只要时间上和空间上允许，最好优先采用面对面沟通。

（2）**不能面谈就电话沟通**

当时间上和空间上不允许，或见面成本较高时，最好采用电话沟通，而不要找人转述。电话沟通是当下最为方便快捷的沟通方式，虽然不如面对面那样直接，能够接收到彼此肢体语言方面的信息，但也是非常简单、高效的沟通方式。它能交流的信息量也很大，反馈速度也很快。因此，当你无法和别人进行面对面沟通时，不妨给对方打电话。如果想看到对方，获取对方表情和肢体语言方面的直观信息，你还可以和对方视频通话。

（3）**网络聊天或邮件沟通**

当今时代网络遍布全球，当你不能和沟通对象通电话时，你完全可以选择和他进行网络聊天或用邮件与之沟通。比如，发微信、发 QQ，既可以发文字，也可以发语音。如果这也不行，那你还可以发邮件。一般来说，一些比较正式的沟通，尤其是涉及比较重要的事情时，用邮件沟通显得更为重视。而且在邮件中可以直接说明问题，便于双方更深刻地沟通并达成共识。

值得注意的是，当客观条件不允许你和别人面对面沟通，也不支持你与对方电话沟通、视频沟通时，你只能让第三者转述。这个时候，一定要尽可能减少信息传递的层次，因为信息传递的层次越多，信息失真的概率就越大。如果把信息传递的层次控制到最低，即只让第三个人帮你转述信息，那么信息失真的概率就会大大降低。

怎样才能把信息传递的层次控制到最低呢？这就要求你必须找到你与沟通对象直线沟通路径上的关键人员。这个关键人员至少具备这样几个要素：

（1）**直线沟通路径上绕不开的人**

例如，你想和某公司的总经理面对面沟通，洽谈一个重要的项目，可是你不知道他在哪，不知道他是否有时间。你想跟他打电话，可你不知道对方的联系方式。但你知道他秘书的联系方式，这时你应该跟秘书通电话，让他帮你在总经理面前提一提这个重要项目，争取总经理安排时间和你见面聊。

（2）**你熟悉的人，信得过的人**

如果你不知道总经理秘书的联系方式，但你知道这家公司一名职员的联系方式，因为他是你同学。你可以让同学帮你把信息转述给总经理，而没必要让你同学把信息转述给公司秘书，再让公司秘书转述给总经理。

（3）**能帮你获取联系方式的人**

你还可以让你同学帮你打听总经理的联系方式，然后你再与总经理电话沟通。不过，陌生来电是有风险的，对方可能不会接听，甚至没耐心听你说完项目。

如果实在没办法把信息中转层次控制到最低，你只好让第四者参与到信息转述中来。比如，如果你同学作为普通职员，很难见到总经理，那你只有让他把信息转述给秘书，再让秘书把信息转述给总经理。毕竟，秘书最方便见到总经理，也深知什么时候适合向总经理传递项目信息。

用正面语态去表情达意

在生活或工作中，总会遇见一些说话“很呛”的人，他们给人的感觉很拽，态度傲慢，居高临下。他们说话时带有不良情绪，语气不怎么友好，常常让人觉得没办法和他们沟通。他们有一个讲话习惯，那就是喜欢用反问句，不用或很少用祈使句和陈述句。因此，很容易把好好的一句话搞得火药味十足，也把自己推向人际关系危险的悬崖。

同事 A 经常向好友 B 抱怨，为什么她总是很容易和别人发生口角。相比之下，B 的人际关系非常和谐，从来没有和别人发生争吵。B 仔细想了想自己和 A 与人沟通方式上的区别，发现 A 特别喜欢用反问句。

A 喜欢用反问句到了什么地步呢？比如，遇到同事求助时，B 如果没空，一般会这样回答：“不好意思，我现在没空！”而 A 往往这样回答：“你怎么不找别人呢？”“你没看到我正在忙吗？”

再比如，遇到有人借钱而我们不愿意借时，B 会这样回答：“对不起，我手头也没有多余的钱！”“我最近也比较拮据，没办法借钱给你，抱歉！”而 A 往往这样回答：“怎么找我借钱？”“你以为我是开银行的？”“你怎么不找别人借钱？”

还有一次，男朋友跟 A 通电话，问：“你在干吗？”

A 回答：“还能干吗？在公司加班啊！”

男友问：“既然加班，你应该告诉我一声啊，我还等你一起吃饭呢。”

A 回答：“现在不是跟你说了吗？”

男友问：“如果我不问，你估计也不会说吧？”

A 回答：“那谁叫你问呢？”

……

结果两人吵了一架，还差点分手了。

就连吃饭这样的小事，也会演变成不愉快的争吵，只因 A 太爱说反问句了。如果用正面语态去表达，这段对话会非常简单：

男友问：“你在干吗？”

A 回答：“我在加班呢！”

男友说：“那我先吃饭了，不等你了！”

A 回答：“好的！”

对比一下两段对话，后面的对话是否直截了当许多，沟通也变得简单许多？这就是用正面语态表达的效果。反问句之所以惹人讨厌，主要是因为反问句里夹杂着不满、谴责、命令、愤怒、讽刺、挑衅等情绪，让人觉得“你好像对我不满”“你好像故意顶撞我”，试问，谁受得了这种待遇？这样很容易引起别人的对抗情绪。

人与人之间的沟通是建立在相互尊重的基础上的，当你以一副傲慢的嘴脸，加上满嘴反问、质问的语气进行沟通时，谁听了心里都不舒服。因此，如果你不想惹人讨厌，就应该尽量少用反问句，而要多用陈述句、祈使句，直接表达你的意思，简化沟通。

（1）**句式大调整，把反问句改为陈述句、祈使句**

生活中的拌嘴斗气，很多时候源于沟通方式不对，多用陈述句去沟通，夫妻关系、人际关系会更加和谐。但对于习惯了说反问句的人来说，要想养成说陈述句、祈使句的习惯，需要经历一个适应和调整的过程。比如：

丈夫问：今天的客人都邀请了吗？

妻子答：如果现在还没邀请，还来得及吗？你怎么关心这件事？

老公被顶得一言不发。

细细想来，妻子也没什么大错，只是肝火旺盛，或习惯了说反问句，让她看起来不那么温柔体贴。如果她用陈述句回答："客人我都邀请了，他们都能来。"相信夫妻间还会是风和日丽。

再比如，老公在拖地，妻子说："怎么到了吃饭的时候才想起拖地？早干吗去了？"这句话很可能会让老公火冒三丈，拖地的积极性也大受打击。如果妻子说："地拖得真干净，先吃饭吧，等会儿再拖。"相信老公拖地更起劲儿。

对比一下反问句与陈述句，你会发现陈述句与反问句的最大区别在于少了一些常用的疑问词，比如"怎么""难道""不""也""就""哪里""谁（谁说、谁让、谁知道、谁告诉）""什么（凭什么、为什么、干什么、有什么）"等。因此，在把反问句变为陈述句时，要记得去掉这些疑问词。

（2）**即使说陈述句、祈使句，也要注意语气和态度**

有个公司的女财务经理，年纪不大，长得也很有气质，可就是嘴上厉害，特别喜欢用反问句怼人。被她怼的人不计其数，自然她也不受人待见。有一次，公司一位会计去税务部门报税，可是数据不对，回到公司就被财务经理喊到办公室："你怎么对的啊，没学过财务报账吗？"

会计也不示弱："我算下来就是这么多，至于用这种态度说话吗？大不了重新核一下！"

会计说完，就摔门走了。

被下属用相同的语气这么一反问，反而使得财务经理反省自己。后来，她慢慢改掉了喜欢用反问句的说话习惯，开始多用陈述句、祈使句。可是句式虽然改了，但她那副不可一世的态度和不容置疑的语气仍然保留着，结果，每次她跟别人说话，就像上级命令下属，语气强硬到有点像呵斥："快点把报表交过来！""明天就要核算工资，各部门把考勤报过来！"大家听到她的话，心里还是不舒服。

语气、语调、态度在表达时起着非常重要的作用，同样一句陈述句或祈使句，如果用不同的语气和态度说出来，效果也会大不一样。比如，丈夫对妻子说："这菜有点咸了！""这件衣服贵了点！"对于这两句话，你先用愉快的口吻说出来，再用不满、责备的语气说出来，然后试着体会一下两种表达效果的差异。

你会发现，即使是平白直叙的陈述句，语气和态度不同，表达效果也大不相同。所以，不论用什么方式说话，都要注意语气和态度。态度决定沟通的成败，也决定你的人际关系。好态度才有好的沟通效果，好态度才有良好的人际关系。

直接并非不顾及他人的面子和感受

在我们身边，总有一些“直肠子”，这种人往往不坏，都挺实在的，但缺点也很明显，那就是在直接表达的路上走了极端，完全不顾他人的面子和感受，有什么就说什么，经常让人下不来台。当别人提醒他们说话要注意分寸，要照顾别人的面子时，他们反而不以为然地说：“我就是这直爽的性格，我又没有恶意！”

大鹏是朋友圈中出了名的“毒舌”，多次当众直接说人缺点，揭人伤疤，让别人十分难堪。有时候发表个人见解，甚至带着点人身攻击的味道。慢慢地，大家像是商量好了一样，逐渐与大鹏疏远。有一次，大鹏家里遇到了难处，急需一笔钱渡过难关。当他向昔日的朋友开口借钱时，被大家纷纷婉拒了。这时大鹏才认识到“毒舌”是多么不受人待见。

人都爱面子，给别人面子就相当于给别人一份厚礼，他自然会对你以礼相待。这就叫礼尚往来。我们虽然强调说话要直接，尽量不要绕弯子，但前提是照顾别人的面子和感受，像大鹏那样直来直去地说话，完全不在乎别人感受的做法，只会给沟通制造麻烦，而不能简化沟通，提升沟通的效率。

在中国人眼里，当一个人不顾他人面子和感受直言不讳时，往往被视为一种敌意，甚至是发出挑衅的信号。结果，要么以牙还牙地还击，要么怀恨在心，视为仇敌。所以，说话直接也要尊重他人。

接下来，我们就来看看，哪些情况下说话不能太直接（如图3－6所示），否则就会让别人没面子。

图 3－6　需要照顾他人面子的四种情况

（1）**当别人在你面前逞强时**

如果有人在你面前逞强，非要证明自己有某项出众的能力，或吹嘘自己多么了不起，你最好不要表现出抵触的情绪，或给他泼冷水："得了吧，就你那点本事，还是别丢人现眼了！"或强行阻止他："算了吧，我没兴趣看你证明自己。"这样会让别人颜面尽失，陷入难堪境地。明智的做法是哈哈一笑，给别人表现的机会，甚至适当肯定一下对方。这样对方才会对你有好感。

（2）**需要圆场让人下台阶时**

人与人交往，免不了遇到一些难堪的局面，在这种情况下，我们要学会圆场，让人下台阶。这时说一两句给人面子的话，表现得不计前嫌，别人会在内心感激你。比如，你和同事在工作时发生了争吵，让彼此陷入了尴尬，这时你应及时说："没事了，没事了，咱们都是为了做好工作，太敬业了！"对方听了这话，肯定也会哈哈一笑，不愉快的气氛自然就消散了。

（3）**当第三者甚至多人在场时**

这是顾及他人面子必须遵守的重要原则，当着大家的面，绝对不可以说话太直接，让别人没面子。比如，当和别人有不同意见时，千万不要张口就说"你错了""你不对""你的想法太幼稚""你的话真可笑"。哪怕对方错得很离谱，哪怕你心里认为他的话真的很可笑，也不要直接说。否则，对方面子上挂不住，很可能和你分歧到底、对抗到底，甚至对你记恨在心，耿耿于怀。

美国成功学家拿破仑·希尔有一次和一帮朋友去打猎，途中一位朋友吹嘘自己的狩猎技巧，还说了自己对枪械的很多见解。希尔发现他的话漏洞百出，有些错误非常明显，就不假思索地指正出来，结果弄得那个朋友很尴尬。那个朋友认为希尔是有意让他难堪的，于是气呼呼地单独走了。后来，那个朋友在森林中遭到熊的攻击，失去了双腿。

希尔非常后悔，如果当时顾及朋友的面子，说话不那么直接，惨剧就不会发生了。虽然他事后登门道歉，承认自己的不对，但是两个人还是因此绝交了。

很多人都见不得别人的错误，但事实上有时候只要大家心知肚明就可以了，没必要那么较真，非得拆别人台，让别人没面子。所以，对于别人的错误，切忌当众直接指出。对于别人的不同观点，要多一点包容和欣赏，少一点争论。你可以这样说："按你的思路理解这个问题，也是有道理的。"或者说："你的想法让我很受启发，我从来没有这样想过。"这样既没有完全承认对方观点的合理性，又没有明确地反驳对方，充分彰显了你的修养，表达了对对方的尊重，是一个沟通高手应有的礼貌和风度。

（4）**当别人和你针锋相对时**

面对别人的针锋相对，很多人出于本能，会与对方"斗"下去，很想让对方败下阵来。殊不知，这样只会让双方的矛盾愈演愈烈，还会让双方越来越难看，以至于没办法收场。明智的做法是保持沉默，或说些软话，做出适当的妥协。这样既给了别人面子，消除了别人的攻击性，也维护了自己的面子。这就好比拳头打在海绵上，避免了两败俱伤。这也是以柔克刚的攻心术。

美国第一任总统乔治·华盛顿在美国成立后，辞掉了总统职务。很多人都邀请他复出参选总统，大家觉得成立不久的国家不能没有他的领导。于是，他又重回政治舞台。可是他的这一举动引起了某个竞争对手的不满，对方认为华盛顿不过是贪恋权势罢了。他还四处散播谣言，恶意中伤华盛顿。

面对恶意攻击，华盛顿没有针锋相对，而是选择沉默。不久后，华盛顿凭借竞选中的绝对支持率当选总统。上任后，他第一时间给那个竞争对手颁发委任状，可是对方却不买账，对华盛顿说："你没有胆量和我对抗，难道也没有胆量放过我吗?”华盛顿毫不动怒，坦诚地说：“我的确没有胆量，因为您是这个国家的功臣。”

最终，华盛顿的胸怀和雅量感化了竞争对手。

面对矛盾和分歧时，最怕的是失去理智地针锋相对、对抗到底。因为直接针锋相对只会让矛盾升级，让双方的火药味变浓，让气氛变得更尴尬。这样不利于问题的解决，也不利于双方关系的发展。像华盛顿一样维护对方的面子，甚至不惜赞美对方，才是化解矛盾、赢得尊重和好感的上上策。

第 4 章

简洁：精简内容，让你的表达更有价值

“言不在多，达意则灵。”说话简洁有力，能达到余音绕梁，不绝于耳的效果。而冗词赘句，絮絮叨叨，不得要领，必定令人生厌。常言道：“物以稀为贵。”当一个人说的话多到泛滥成灾时，他的话也就没多少价值了。反之，不少演讲大师惜语如金，言简意赅，却能留下珍贵的篇章。因此，精简你的话，才能让你的表达更有价值。

废话是简洁的最大敌人

现代著名作家梁实秋写过一篇名为《废话》的文章，里面写道："常有客过访，我打开门，他第一句话便是：'您没有出门?'我当然没有出门，如果出门，现在如何能为你启门？那岂非是活见鬼?"

在梁实秋看来，客人那句"您没有出门"是一句脱口而出的废话，没经过大脑。就好像两人见面时免不了说一句"今天天气……"之类的话。这样的话是没有多少意义的，而没有多少意义的话就是废话。

人不能不说废话，因为废话可以起到铺垫的作用。但也不能尽说废话，因为废话太多会导致沟通效率低下，严重耗费沟通双方的时间。伟大的文学家、思想家、革命家鲁迅曾经说过："时间就是性命，无端地空耗别人的时间，其实是无异于谋财害命的。"试问，谁不厌恶谋害自己性命的人?

小胡下班后跟闺密吐槽："今天心情非常不好，因为跟一个爱说废话的同事一起当班，本来工作可以顺利做完，但因为他和我说了一堆废话，结果时间被耽误了，工作还留了一个尾巴，晚上我还要加班。"

"你那同事是有多爱说废话，以至于把你折磨成这样?"闺密打趣道。

"我这么说吧，你跟他对话，他可以把你的话题扯得离题万里，让你忘了最初想说的话题。他说话时滔滔不绝，但尽是没用的话。每次早会上领导让他汇报工作，他就先说一堆没用的，为这个问题领导不知发了多少次火，甚至当大家的面批评他废话太多。"

"一个成年人，被领导当众批评，也够没面子的!"闺密说。

“可即使这样，仍然没有动摇他爱说废话的恶习。有一次，领导见他又开始说废话，就生气地说：废话少说，快讲重点。”

与主题关系不大、没多少意义的长篇大论就像安眠药，让人听得昏昏欲睡、哈欠连天，白白浪费听话人的时间，遭人厌也就不奇怪了。如果你不想成为令人讨厌的人，就要尽量少说废话，因为废话是简洁表达的最大敌人。

莎士比亚说过：“简洁是智慧的灵魂，冗长是肤浅的藻饰。”言简意赅会让人觉得你有水平、有智慧、有内涵，更容易获得别人的好感和信任。那么，我们怎样才能减少废话，让表达变得简洁精练呢？让表达简洁的四个办法如图 4－1 所示。

图 4－1　让表达简洁的四个办法

（1）不滥讲，要在对的时候讲

爱说废话的人如同苍蝇一样嗡嗡作响，无时无刻不在叽里呱啦。他们该说的时候说，不该说的时候也说，说的话太多了，因此免不了废话连篇。

史书上记载，子禽问墨子：“老师，一个人说多了话有没有好处？”

墨子说：“话说多了有什么好处呢？比如，池塘里的青蛙整天地叫，弄得口干舌燥，却从来没有人注意它。但是雄鸡，只在天亮时叫两三声，大家听到鸡啼知道天就要亮了，于是都注意它，所以话要说在有用的地方。”

墨子的话告诉我们，言不在多，而在于说对时候。比如，在别人问你的时候说，在别人需要的时候说。就像雄鸡一样，在天明的时候打鸣，只叫两三声就让人印象深刻。可见，把话留在对的时候讲，一句能顶两句。

（2）**不讲大道理，废话少一半**

有个词叫“正确的废话”，指的是那些听起来非常有道理，放之四海皆准，很难被反驳，但是说完跟没说差不多，对听者没有任何价值，甚至还会让对方觉得不舒服的话。大道理就是这样的废话，很容易引起人们的反感，最容易被人们当作耳旁风。

例如，当朋友情绪崩溃的时候，他需要的不是你给他讲道理，而是希望你静静地陪他。当朋友烦恼的时候，他需要的不是不冷不热不咸不淡的安慰，而是有立场的支撑和有态度的包容。当朋友犯错懊悔的时候，他需要的不是你理智地帮他剖析道理，或让他从自身找问题，而是希望听到你的理解和支持。

大道理空洞乏味，没有说服力，缺少指导作用，实用价值微乎其微。而且很多人都是听大道理长大的，对于大道理有着本能的抵触情绪。所以，请不要再沉迷于给别人讲大道理了，而要多说有价值的话、做有用的事。当你不讲大道理时，废话将会减少一半。

（3）**不讲空话，不要无的放矢**

废话就是没用的话。为什么没用？因为其大多数时候与主题无关。因此，要想少讲废话，就不讲空话，不能无的放矢，而要紧扣主题。

威廉·格里辛格是德国著名的医学家，他医术高明，每天前来让他就诊的患者络绎不绝。为了给更多的患者服务，他和病人沟通时从来不讲空话，只问病人最重要的信息。如果病人配合他作答，他会非常开心，甚至不收取费用。

有一次，格里辛格接诊了一位女患者，在检查了她的伤势后，他和患者进行了这番对话：

格里辛格：事故？

女患者：玻璃碎片儿。

格里辛格：何时？

女患者：昨天早晨！

格里辛格：已处理过？

女患者：碘酒。

格里辛格：还痛吗？

女患者：感觉血液跳动。

格里辛格再次仔细检查患者的伤口，然后为她包扎，前后仅花了几分钟。

“费用？”女患者站起来问道。

“真令人高兴，”格里辛格笑着说，“不用付钱，夫人。您简洁的表达使我今天有时间多看几个病人，谢谢您！”

不讲空话，不无的放矢，才能为自己和他人节省时间，这种行为是受人尊敬的。在上面的案例中，格里辛格和患者只讲与病情有关的话，大大简化了表达，提高了沟通效率，这次沟通是一次非常愉快的沟通。

（4）**不要乱联系，不要瞎扩展**

有些人之所以喜欢说废话，是因为他们习惯了乱联系、瞎扩展。例如，别人问他今天为什么迟到，他不直接说原因，而是说：“昨天有个朋友升职了，他很高兴，就请几个朋友吃饭，还喝了很多酒。你知道的，我这人酒量不行，喝几杯就晕乎乎的。本来我想回家的，可他们硬是拉着不让。吃完饭后，还去唱歌了，搞到 1 点多才回家睡觉，所以早上起晚了，没有赶上 219 路公交车。”

按照简洁表达的原则，他可以直接回答：“起床晚了，没赶上 219 路公交车，所以迟到了。”可他把朋友升职、请客、喝酒、唱歌等事情联系起来，稍微一扩展，就变成一堆废话。通过这个例子，我们可以发现：少说废话并不难，只要做到不乱联系，不瞎扩展，只说与主题紧密相关的话即可。

啰唆的表达招人烦

西班牙有一个传说：一位德高望重的伯爵垂垂将死，一个朋友去看他。伯爵连喘气的力气都没有，但那位朋友却啰里啰唆地絮叨。到最后伯爵实在不耐烦了，就对朋友说："对不起，求先生原谅，让我此刻断气吧！"说完，他吃力地翻身朝壁，就此离去。

明明是一件很简单的事情，有些人偏要强调个没完；明明是一个简单的道理，有些人总要解释半天。他们就像有些妈妈，喜欢在孩子耳边没完没了地提醒，无休无止地重复，好像不这样孩子就记不住。这就是说话啰唆。说话啰唆分为三种：

第一种啰唆是不断重复自己说过的话。这种啰唆年长的人比较容易犯，他们由于记忆力衰退，自己说过什么转瞬间就忘记了，所以不断地重复。

第二种啰唆是反复述说同一件事。有这种行为的人，往往比较有"细节"强迫症，总是试图把每一个点讲得很清楚。这种啰唆的背后，可能说明他们观察力敏锐、想象力丰富，想把自己看到的和想到的都说出来。

飞文出差回来，向领导做工作汇报。本来 5 分钟可以说完的内容，他讲了 20 分钟还没讲完。领导要他把项目谈判的情况和客户的情况汇报一下，他却事无巨细地把出差途中的所见所闻、所思所想全说了一遍，还觉得没说清楚，又再说了一遍。最后领导烦了，说："我现在有事要忙，你回去写个汇报材料吧！"

第三种啰唆是担心自己说的话对方不能理解，总是忍不住解释自己的话，试图把自己的意思说得更明白。所以，来来回回说一些车轱辘话，反复地讲，显得很啰唆。

啰唆的人其实是好人，他们总是替听者考虑。可是他们自以为是一片好心，结果却把别人弄烦了、弄糊涂了。为什么有些人说话比较啰唆呢？其实有三个原因，如图 4－2 所示。

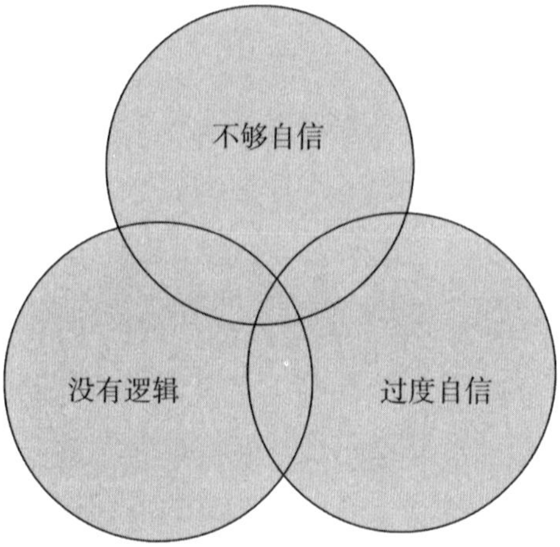

图 4－2　说话啰唆的三个原因

（1）**不够自信**

不自信的人底气不足，不够干练，他们不相信自己几句话就能把意思表达清楚，总觉得自己没说清楚，别人没听懂，于是反复解释。

（2）**过度自信**

过度自信的人往往自我感觉良好，他们对自己的谈吐颇为得意，觉得自己说的都对，觉得自己能说会道，或觉得自己讲话幽默，觉得别人都在关注自己说话，于是该说的和不该说的都说，造成说话啰唆。

（3）**没有逻辑**

说话没有逻辑的人，往往眉毛胡子一把抓，而且还担心没抓干净，再抓一遍甚至更多。就像收拾房间一样，如果没有逻辑思维，没有考虑先收拾什么，后收拾什么，那么反复就是难免的。本来该先整理物品，再抹桌子，最后扫地，拖地，可有些人却先扫地，再抹桌子，最后整理物品，结果抹布上的水、整理物品留下的灰尘加上自己来回走动，把拖干净的地又弄脏了，不得不再次拖一遍地。

从心理学角度来说，啰唆是一种无效的重复刺激，很容易在人的大脑皮层上产生保护性抑制，从而诱发人的自我保护机制，表现出来就是：你越重复，对方越厌烦。严重的话还会诱发对方的对抗情绪，即你越强调应该怎样做，对方偏要反着来。就像有些孩子被父母啰唆烦了，最后和父母对着干一样。所以，说话要力求简洁，切忌啰唆。

那么，我们应该怎样做，才能避免说话啰唆，达到简洁表达的效果呢？如图4－3所示。

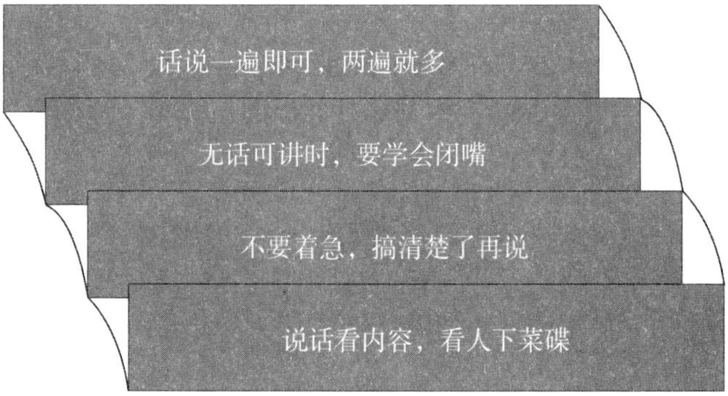

图4－3　避免说话啰唆的四个要点

（1）**话说一遍即可，两遍就多**

有一次，美国作家马克·吐温在教堂里听牧师发表募捐演讲。最初他觉得牧师讲得很好，打算捐款；10分钟后，牧师还没讲完，他不耐烦了，决定只捐些零钱；又过了10分钟，牧师还在没完没了地讲，他决定不捐了。在牧师终于结束演讲开始募捐时，马克·吐温不仅没有捐钱，还从盘子里拿走了2美元。

俗语说："好话啰唆三遍，鸡狗都不稀见。"意思是，啰唆的人连鸡和狗都不待见，可见啰唆的人多么招人烦。因此，话说一遍即可，两遍就多了，三遍四遍就烦了。这要求我们相信自己一遍就能讲清楚，也要相信别人的理解能力。

（2）**无话可讲时，要学会闭嘴**

有一位初涉外交领域的官员带着太太去参加应酬。太太来自小地方，没见过大世面，面对满屋子见多识广、口才奇佳的嘉宾，为了不让自己显得胸中无墨、口才拙劣，她绞尽脑汁找话题和别人聊天。结果，她总是来来回回地啰唆几句话，大家听了她讲话，都不愿意和她交谈。

后来有一次，这位太太把自己的困惑告诉一位讲话不多但深受欢迎的资深外交家。外交家告诉她："当你没话可讲时，你没必要勉强自己，而要学会约束自己的嘴巴，听听别人讲什么不是很好吗？"

这个故事告诉我们，无话可讲的时候，不要盲目找话说，因为这个时候你很容易重复几句老套的话，造成啰唆，给人留下不好的印象。所以，无话可讲时，请闭上嘴巴，学会做个好听众，这样更容易受人欢迎。

（3）**不要着急，搞清楚了再说**

不知道你是否发现，有一种啰唆是因为没搞清楚问题就急于表达观点，结果造成文不对题，给人留下啰唆的印象。比如，考官问你："你对我们公司有什么看法？"你马上把自己能想到的所有看法都说一遍，以为说得多总能碰上对的。就像写作文一样，以为写得多就可以得高分，却忘了审题。结果，滔滔不绝说一堆，考官却觉得你讲得不得要领，不简练。

其实，你应该搞清楚考官想问什么。"你对我们公司有什么看法？"这是个开放性的、宽泛性的问题，这类问题针对性不那么强，回答时犹如天马行空，是不好回答的。倒不如问一下考官："您是问我对公司的第一印象吗？"得到确认后，再说："公司环境优雅，办公设施完善，一看就是实力雄厚的大公司。"这样讲是不是简洁很多呢？

（4）**说话看内容，看人下菜碟**

啰唆的一个原因是低估了听者的理解能力。因为总担心别人听不懂，所以忍不住解释几遍。要么一个问题翻来覆去地讲，正面说一遍，反面说一遍；要么一个问题无限延展，面面俱到。

在《大话西游》里，唐僧有一个经典桥段，这个桥段让人看一遍笑一次：

“你想要呀？你想要说清楚就行了嘛，你想要我会给你的，你想要我当然不会不给你啦，不可能你说要我不给你，你说不要我偏给你嘛……”

其实，这句话的意思就是：“想要就直说，说了就给你。”智商正常一点的人，听一遍就能理解。可为什么还要继续说呢？这不是明摆着招人烦吗？

所以，要想避免说话啰唆，首先要看人，因为不同的人理解能力是不同的。比如，大人理解能力可能强些，讲一遍即可；小孩的理解能力可能差点，要讲细致一点。但这也不是绝对的。

其次要看所说的内容。如果所说的内容简单，浅显易懂，说一遍即可；如果所说的内容专业、抽象，则要加以通俗的解释。当然，看人与看所说的内容是统一的。

不简洁有时是因为缺乏概括能力

古代有位啰嗦先生进京赶考，其间给妻子写信："吾妻如见：前日啰嗦今日不复啰嗦矣！吾在下月即将返里，不在初一即在初二，不在初二即在初三……不在二十八即在二十九，所以不写三十，因月小之故也。家中有棉鞋一双，望吾妻取出来拍打拍打，之所以要拍打，因灰尘之多也，希吾妻千万不要忘记。为省笔墨起见，吾不写草头大万，即以方字去点代之……"

虽然这是一个笑话，但是却把啰嗦者的形象刻画得惟妙惟肖。这位啰嗦先生之所以表达不简洁，与他缺乏概括能力有很大关系。他的那封信完全可以概括、浓缩一下，变为："吾在下月即将返里，望吾妻将吾棉鞋拿出来拍打灰尘。"这样不是非常简洁吗？可见，概括能力在简洁表达中发挥着重要作用。

几千年前，一位国王召集一群满腹才学的臣子："我希望你们能编一本《智慧录》，好流传给子孙后代，给他们以智慧的启迪。"这些臣子花了很长时间，翻阅了无数资料，完成了一部 12 卷的巨著。

国王看了这本《智慧录》后，对臣子们说："诸位，我深信你们非常有才华，而此书也确实是智慧的结晶。但是，它太厚了，我担心以后没有人愿意耐心地读完它，因此，请你们把它浓缩一下吧！"

臣子们经过很长时间的删减，终于把这本 12 卷的巨著浓缩成 1 卷。但是国王看后依然不满意，还是认为太长了。再后来，臣子们又把 1 卷浓缩成一章，又浓缩成一页、一段，最后浓缩成一句话："天下没有免费的午餐。"

国王看到这句话后，终于满意地笑道：“这才是真正的智慧结晶，只要懂得这个道理，很多问题都可以顺利解决。”

言不在多，达意则灵。要想把我们的表达浓缩成最精练的话，就要培养超强的概括能力，这样才能避免说话啰唆，实现简单表达。那么，怎样才能具备高度概括能力呢？以下几个方法值得一试，如图4－4所示。

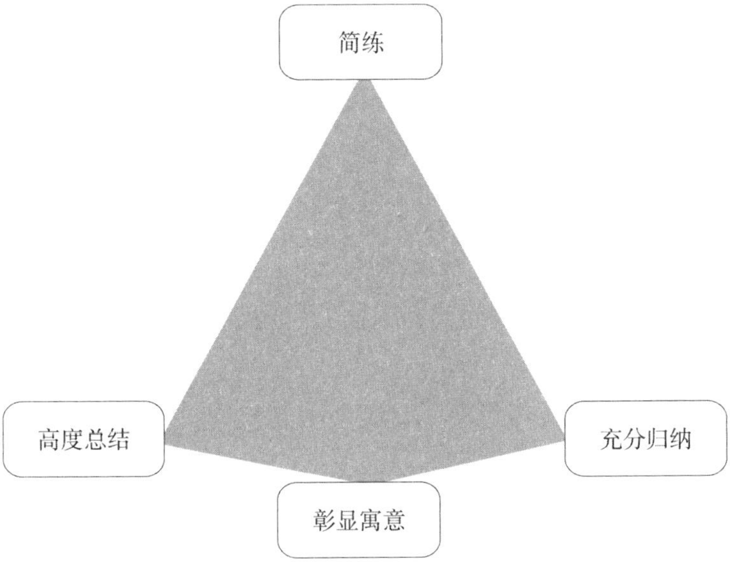

图4－4　练习概括能力的三个方法

（1）**高度总结**

一次，马克思的女儿燕妮请教德国一位著名的历史学家：“可不可以把从古至今的历史缩写成一本简明的小册子？”历史学家笑着说：“其实用不着缩写成一本小册子，只需四句谚语就能概括古今的历史。”

“哪四句谚语呢？”燕妮问。

“第一句，当上帝要某人灭亡的时候，往往先让其有炙人的权势。第二句，时间就是一个巨大的筛子，最终会淘去一切历史的陈渣。第三句，蜜蜂盗花，但结果反而使那些花开得更盛，妩媚迷人。第四句，暗透了便望得见星光。”

就像那句“天下没有免费的午餐”一样，历史学家总结的四句谚语很好地概括了古今历史各种现象的本质。这就是高度总结能力的表现，这种能力表现为透过现象看本质，同时又将多种不同现象所具有的相同本质统一起来。要想具备这种能力，就要多观察、多思考，学会透过现象抓事物的本质、抓事物的共同点，然后总结出关键性的话。

（2）**充分归纳**

归纳是指将具有同类性质的事物归为一类，并用关键性的话总结出来。比如，你养的一只狗 A 喜欢吃骨头，邻居家养的一只狗 B 喜欢吃骨头，路边的野狗 C 也喜欢吃骨头，由此归纳出一个结论：狗爱吃骨头。要想做好归纳，需要较强的分析能力，还要有一定的思想高度，如此才能够跳出现象看到本质。

邮递员皮特 30 多年来每天走街串巷给镇上的居民收发信物，不辞劳苦，非常受人尊敬。当他去世时，葬礼非常隆重，全镇的人都来了。葬礼结束时，镇长觉得还应该做个总结性发言，以表达对皮特的由衷感谢。于是，他站在墓旁作诗一首：

春天，当道路泥泞、沼泽为患时，他来了；

夏天，当尘土飞扬、太阳灼热时，他来了；

秋天，当秋雨绵绵、寒气袭人时，他来了；

冬天，当大雪纷飞、寒风刺骨时，他来了。

葬礼结束后，两个镇民走在回家的路上，甲说：“镇长今天的诗很不错。”

“是的，很不错。”乙点头表示认同，“但你知道吗？其实他的诗可以浓缩为一句话，那就是：‘在各种鬼天气里，他都来了。’”

我们不否认镇长的文采，但是从沟通效率的角度来说，他确实说得不够简练，而那位镇民总结得就非常到位。俗话说：“豆腐多了都是水，观点多了不幽默。”在与人沟通时，如果能够把一些话归纳成一个点，那就不要铺排开来。否则，既显得表达不简练，还会造成表达凌乱，不易被人理解。

（3）**彰显寓意**

在交流思想、沟通情况、陈述观点、发表意见时，为了使别人快速了解我们说话的意图，领会我们的意思，有时候需要说一些有寓意的话来表达对现实情况的写照。这样既可以保证语言简练，又能说明问题的本质，还能传达某种深层的情感，达到感动他人、发人深省的表达效果。

美国第16任总统林肯，在一次视察中与工人握手，有一位工人却缩着手，腼腆地说："总统，我的手太脏了，不便与您握。"

林肯笑着说："把手伸出来吧，你的手是为联邦加煤弄黑的。"

短短一句话，看似稀松平常，却高度概括了工人对国家所做的贡献，充分彰显了寓意，极大地鼓舞了人心。如果林肯不这么说，而是很直白地说"你的手不脏!"，就达不到表达简洁和鼓舞人心的双重效果。

事实上，世间万物不管多么复杂，人们的思想不管多么深奥，说到底，都需要一点或几点经过概括、充满寓意的抽象认知。这些认知是精华，是核心，是本质，只要用好它，就可以达到"片言以居要，一目能传神"的表达效果。

任何复杂的问题都可以讲三点

什么时候说话很累？是不是在说复杂问题的时候？因为不知道从哪里说起。就像面对一块大骨头，不知道从哪里开始啃。最后你使劲地说了一堆话，别人却记不住那么多内容。你见别人没理解或没记住，又解释一遍，又说一遍，搞得你很累，听话的人也很累。

怎样才能把复杂的问题说得简单呢？我们推荐一个固定的套路——三点论，就是任何事物都可以将其划分为三点来讲。比如，你给下属安排工作时，提醒下属："做这项工作要注意三点：第一点是……，第二点是……，第三点是……" 这样既简单又清楚。如果你不这样分点说，而是一股脑儿地倒出来，下属可能记不住。

一家公司有两位给领导开车的司机，由于公司精减人员，要裁掉一个。于是，两人竞争上岗。第一个司机讲了大概 10 分钟，说："我一直对工作兢兢业业，开车也很稳重，从来没有违章，而且每天都把车收拾得干干净净，把车内擦得一尘不染，如果以后还能继续给领导开车，我一定继续发扬我的驾驶优点，为领导保驾护航……"

第二个司机只讲了 1 分钟，他说："我在公司开车一直遵守三条原则，将来我还要遵守这三条原则：第一，听到了，不会说；第二，只吃饭，酒不喝；第三，只公开，不私用。" 这句话短小精悍，清楚明白，重点突出，条条说到了领导的心坎里。

这三条原则是什么意思呢？

“听到了，不会说”，指的是领导经常在车上研究、交代工作，在没公开前都是秘密，司机虽然听到了，但是不能泄密。

“只吃饭，酒不喝”，指的是司机经常陪领导应酬，跟着领导一起吃饭。但是不管什么饭局，酒是万万不能喝的，这是对领导的生命安全负责。

“只公开，不私用”，指的是只在领导用车的时候才开公司的车，绝不会为了方便，私自挪用公司的车，公私分明。

试问，这样的司机哪个领导不喜欢呢？

三点论的表达技巧非常实用，它可以让你边讲边想，边想边讲，避免说话混乱，避免遗漏重要的内容。同时，给听者的感觉是很简练、清楚，重点突出，便于记忆，从而对你的话产生较深的印象。

有人可能要问了，为什么要讲三点，不可以多讲几点，或少讲一点吗？这是有科学原因的，如图 4－5 所示。

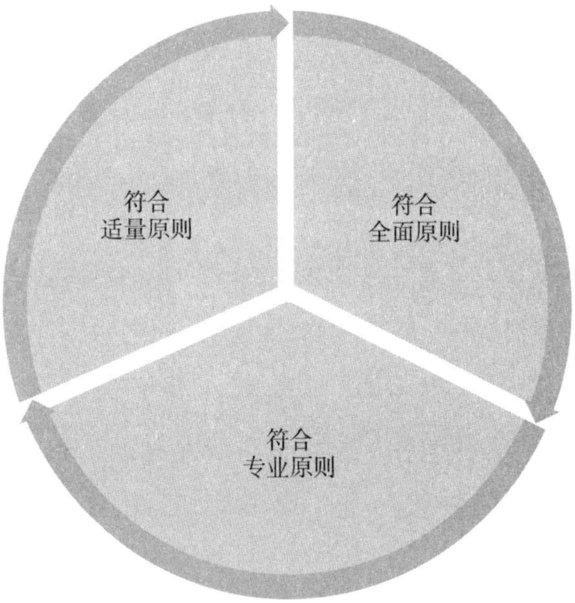

图 4－5　讲三点的科学原因

（1）**符合适量原则**

所谓适量，指的是人的大脑在短时间内的最佳记忆数量是三点。美国著名的咨询公司麦肯锡认为，一般情况下人们最多记得住一二三点，记不住四五六点，所以凡事最好讲三点。不信你可以试试，如果你一口气讲四五点内容，可能你自己都会犯糊涂，不知道自己讲到第几点，以及每一点都讲了什么。

曾经有一位高管朋友找我，说第二天要向总部领导做重要的工作报告，但他记不住报告里的内容。我看了他的报告发现，里面的内容足足有八点，这么多点当然记不住。我建议他把这些内容该删掉的删掉，该合并的合并，最后精简到三条。结果，他一下就记住了。

（2）**符合全面原则**

大家要记住一点，在任何场合讲任何问题，你都不可能讲得面面俱到（理论上不可能，也不符合简单表达的原则），你只需要讲得让人觉得全面就行。这样听众就会觉得你靠谱，容易接受你以及你的观点。

举个例子，一个帅哥上《非诚勿扰》节目，主持人问他："你想找什么样的女朋友?"如果他只说一条："找漂亮的!"24 位女嘉宾可能会马上灭灯，因为这个回答让人觉得男嘉宾太偏执、不靠谱。

如果男嘉宾说："我想找的女朋友最好具备三个优点：第一是知性、有见识，第二是温柔、体贴人，第三是漂亮、身材好。"这样保证很多女嘉宾会留灯。因为这番回答让人觉得全面，有见地，让人觉得可靠。

（3）**符合专业原则**

不论是登台演讲，还是当众非正式发言，或与人单独聊天，我们都希望表现得专业、有水平。如果你说三点，就容易给人专业的印象。

比如，领导问你："你觉得新来的同事小刘怎么样?"你说："我觉得他挺不错的，我观察到他有三个优点：一是做事有耐心，不急躁；二是认真细致，不粗心大意；三是爱学习，遇到不懂的问题会向大家请教，还会查阅资料。"你这样讲话，领导一定觉得你有思想、有高度、有水平、很专业。

那么，在运用三点论的表达原则时，要注意什么呢?

（1）**训练三点思维，培养讲三点的习惯**

大家要记住，我说任何复杂问题都可以讲三点，有两层意思：一是当你认为某个讲话比较重要时，你可以讲三点。二是平时讲话要练习讲三点的思维，培养讲三点的习惯，尽量讲出三点。这对你在关键时刻从容地讲出三点很有帮助。

（2）**不能太死板，视具体情况调整点数**

既然三点论的表达技巧这么好，那是不是任何场合、任何时候都要讲三点？当然不是，否则人家会觉得你很奇怪。因为这叫教条主义，叫死脑筋、刻板。是否有必要讲三点要看具体情况、看场合、看对象、看问题、看你的身份。

有些问题很简单，如果实在讲不出三点，讲两点也行。有时候问题太复杂，讲三点讲不全，讲四点也是可以的。比如，毛泽东在《论十大关系》的讲话中就讲了十点，因为对于一个国家来说，讲十点完全是可以的。

（3）**没有三大点，讲好两大点也可以**

有时候讲不出三大点，你可以讲两大点。然后，再在每个大点下面讲三小点。如此，问题就递进了一层，结构更清晰。比如，总结某项工作取得的成功经验时，可以从主观和客观方面去总结，然后主观上讲三点。再比如，分析某个问题产生的原因时，可以从内部原因和外部原因去分析，再分别讲三点；或者，从长远和短期来看；或者，从公司和客户角度来看。

140 个字的惊人力量

提到 140 个字，很多人就想到了微博。微博只能发送 140 个字以内的内容，源于发 twitter 的 140 个字母限制。“微”，意味着信息短小、简单精悍。如此，才能以快速传播取胜。

140 个字能写什么呢？按照现代学术论文的规定，140 个字什么都不够写。但从另一个角度来说，140 个字什么都能写。唯一的要求就是，我们必须掌握简洁表达的技巧。

140 字思维，对于提高我们的简洁表达能力，有着重要的意义。它要求我们不说废话，不啰唆，只用关键字词表达重点内容。所以，凡是对表达重点内容价值不大的话，都应该通通删掉或设法浓缩、精简。

欧阳修担任翰林时，有一次和几位同事一起出游，途中看到一匹奔马踩死了一条狗。欧阳修提议大家用最简洁的话叙述这件事。

有位同事说：“有犬卧于通衢，逸马蹄而杀之。”

另一位同事说：“有马逸于街衢，卧犬遭之而毙。”

欧阳修笑着说：“像你们这样修史，一万卷也写不完。”

那二人说：“那你怎么叙述这件事？”

欧阳修说：“逸马杀犬于道。”

你看，欧阳修仅用 6 个字就把一件事说清楚了。

该短不短，是说话没水平的表现。会说话的人往往惜字如金，能不说的话就不说，从而保持话语最大限度的简化。

那么，我们怎样培养140字思维，以便养成简洁表达的习惯呢？培养140字思维的三个方法如图4－6所示。

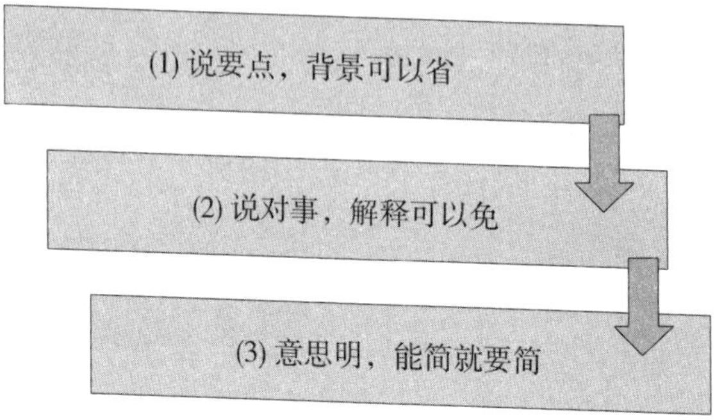

图4－6　培养140字思维的三个方法

（1）**说要点，背景可以省**

明太祖朱元璋当政时，刑部侍郎茹太素上疏，“论时务累万余言”。朱元璋叫人读，听到6000多字时还没听到任何具体意见，顿时龙颜大怒，命人把茹太素暴打一顿。第二天，再叫人接着往下读，读到1万多字后，才知道茹太素给了5条建议。朱元璋说，这5条建议几百字就可以说清楚，前面1万多字根本不需要。

动人心者不在言多。什么话能动人心？直指要点的话，突出重点的话。有了这些话，那些背景介绍就可以大大缩减了，甚至可以不讲，而是直接讲要点。这样既省时省力，别人听了也会感到酣畅淋漓、直呼过瘾。

（2）**说对事，解释可以免**

有一次，我去当地派出所办事，听到前面一位先生和办事员进行了这样一番对话：

先生：“你好，我的身份证过期了，然后之前户口又转到我工作那边了，现在我想在我工作地重新办一张身份证，但是我工作地那边需要我……”

办事员：“你是想开户籍证明吧？”

先生：“对，对，就是户籍证明。”

办事员：“那你直接说开户籍证明啊，多简单！”

面对那位先生啰啰唆唆的解释，办事员及时提醒，一下子让事情变得明了。可见，只要把事情说对了，解释就可以免了。更重要的是，有时候说对事情只需要几个字，提高了沟通的效率。这就是说话简洁的好处。

（3）**意思明，能简就要简**

当我们说对了事时，要做的就是在说清楚这件事的基础上，最大限度地简化语言。在这一点上，古代有个故事对我们很有启发。

古代有一首《制鼓歌》，原文有 16 个字：紧蒙鼓皮，密钉钉子，天晴落雨，一样声音。后来有人将其简化为 12 个字：紧蒙皮，密钉钉，晴和雨，一样音。再后来，有人将其简化为 8 个字：紧蒙，密钉，晴雨，同音。对比一下三种表述，8 个字的表述丝毫不逊色于 16 个字和 12 个字的表述。

最后，需要提醒的是，培养 140 字思维并不是为了一味求简，而是结合实际情况，在不影响沟通的情况下最大限度地简洁。在这一点上，我们可以看看林肯是怎么做的。

林肯在葛底斯堡发表的演说在美国历史上十分有名。事实上，葛底斯堡演说者并不是林肯，而是爱德华·艾佛瑞特。可艾佛瑞特那场 13609 字的演说如今没人提起，大家提到葛底斯堡演说想到的就是林肯。原因很简单，当时，艾佛瑞特的演说持续了两个多小时，听众早已失去了耐心，变得烦躁不安。随后，林肯只讲了 2 分钟，字数不超过 500 个。虽然林肯的辞藻不如艾佛瑞特的华丽，但字字突出重点，句句直击人心，深深赢得了听众们的好感。这就是林肯葛底斯堡演说作为美国历史上最伟大的演说之一流传至今的原因。

这个故事告诉我们，简单表达的 140 字思维不等于每一次发言都不能超过 140 个字，而是说在突出主题、清楚表达重点内容的前提下，最大化地简单表达。如果不简化内容，而是乱说一通，有用的没用的都说，那么没用的话就会掩盖有用的话，让人听不明白甚至反感。

再简洁也得把话说清楚

某大学演讲与口才课上，老师说："我们讲话时，语言要简练，切忌废话太多。林语堂先生说过：一篇精彩的演讲，应该像少女穿的迷你裙，越短越好。"

一名学生举手问道："那要是不说话呢？"

老师幽默地说："不准耍流氓！"

说话越短越好，前提是能够清楚地表情达意，能够让人听明白。如果你的话短到不能正确表达自己，甚至短到一言不发，导致别人听不明白、看不懂你，那不等于耍流氓吗？生活中，很多误解都源于人们走了另一个极端——话说得太少，话没说完整，该说的没有说。

这天张茜下班比往常晚了一刻钟，没有赶上公交车，想着不能及时回家做饭，又想到冰箱里还有一些米饭，足够吃一顿的，她便给老公发了一条信息："不用煮饭！"

当张茜打开家门时，老公正在阳台上抽烟，老公问她："不煮饭，我们晚上吃什么？"

"你没准备菜吗？"张茜一边脱鞋子，一边冷冷地问，因为她听老公那样问，猜想老公十有八九没有准备菜。

"没准备啊，我以为不用做饭呢！"老公解释道。

"你怎么这么笨啊？叫你不用煮饭，又没说不用准备菜！"

"没必要这样冷冰冰地说话吧，我刚进门，一根烟还没抽完呢，现在弄菜去。”老公有些不高兴地解释，说话间掐灭了香烟。

老公为什么会误解张茜的意思？因为张茜说话简洁到让老公听不懂！按字面意思理解，“不用煮饭”就是“别煮饭”，老公没有煮饭，并没有做错什么。但张茜的意思是“不用煮饭，要准备菜”，只可惜后半句她省略了。如果她一开始就发信息说：“不用煮饭，要准备菜。”那么，误会就不会产生了。

这个例子告诉我们：说话不能一味地求简洁，以至于意思都没表达清楚。换言之，简洁绝非“苟简”，不能为了简洁而简化，不能以简代精。简洁的前提是，不影响正确表达自己的想法，不影响对方理解你的意思。所以，简洁表达不是绝对的，要从实际效果出发，简得适当、恰到好处才能彰显说话的水平。

那么，怎样简洁表达才不会影响语意呢？简洁又不影响语意的三个要点如图4－7所示。

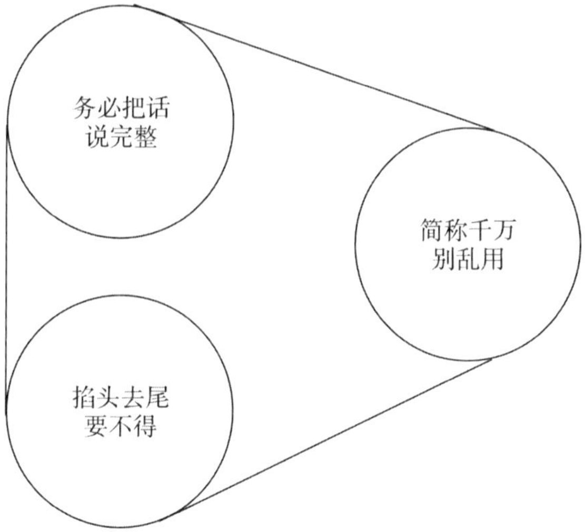

图4－7　简洁又不影响语意的三个要点

（1）**务必把话说完整**

曾看到这样一则笑话：

小学五年级时，小明因成绩太差被父母要求转学。

班主任把他转学的消息公布出来后，一名女同学跑到他家，对他说：“你走了，让我怎么活?”

小明的妈妈听到这话，脸色马上就变了，转身打了小明两个耳光：“你居然敢谈恋爱？难怪你成绩那么差!”

小明哭着对女同学说：“我转学和你有什么关系啊?”

女同学说：“当然有关系了，你转学了，我就成倒数第一了啊。”

虽然这是一则笑话，但笑过之后，还是值得我们思考：说话不说完整，说一半，留一半，看似简洁，却歧义顿生，漏洞百出。因此，我们在说话时切勿犯类似的错误，否则就很容易引起误解，影响沟通质量。

（2）**简称千万别乱用**

简洁并不是一味求简，简洁是有限度的，有些东西是不能随便简化、省略的。有一段相声讽刺了过分省略的现象，比如，把“开封刀具厂的人”简称为“开刀的人”，把“自贡杀虫剂厂的人”简称为“自杀的人”。

可见，一味求简不但达不到幽默风趣的表达效果，还会弄巧成拙，引起误会，闹出笑话，甚至产生不愉快。因此，在使用简称或省略字词时，千万不能把原意弄丢了。否则，宁可不简化，不用简称。

（3）**掐头去尾要不得**

做事有始有终，做人有头有脸，说话有头有尾。可有些人说话时，为了简化表达，硬是掐头去尾，结果挂一漏万，得不偿失。殊不知，说话的头和尾意义重大。

“头”如脸，起着明确主旨的作用。“尾”是总结，再次强调主题。如果掐头去尾，那么听者就不明白你的中心意思。哪怕你中间部分说得再精练，也不利于听者理解你的观点。因此，宁可简化中间，也不能掐头去尾。

当然，不能掐头去尾，但我们可以简化头尾，很多时候，头和尾都可以以一句话概括。总之，简洁是相对的，简洁应以恰当的表情达意为前提，在此前提下，该繁则繁，能简则简。

第5章

条理：用逻辑思维做井然有序的表达

再怎么主题鲜明、重点突出，再怎么开门见山、简洁明了，如果缺少了逻辑结构的支撑，你的表达也会变得混乱，从而影响表达的准确性，影响听众的接受程度，最终影响你的言论的说服力。因此，简单表达必须注重条理性，有逻辑的表达才是严谨、简单、高效的表达，才是我们最需要的沟通力。

简单表达的五种逻辑结构

不知道你有没有遇到过这种情况：让你讲一件事或对某个问题发表看法时，你不知道从哪里讲起。或者你讲了很多，但是讲得很混乱，思路不清晰，结构不严谨，听众也没有听懂。对于这种困局，我们该怎么解决呢？不妨先来看一个案例：

蒋先生参加好朋友的婚礼，婚礼举行过程中，主持人邀请他上台发言，让他对好友说几句祝福的话语。蒋先生是这样说的：

今天出门时，女儿问我："什么是结婚？"

我告诉她："结婚就是两个相爱的人决定幸福地生活在一起。"

她又问我："结婚就能幸福吗？"

我承认这个问题难住了我。然后我做了一下功课，研究了一下怎样才能幸福，然后发现了幸福婚姻的三个条件：第一是夫妻彼此相互欣赏；第二是夫妻相互体谅；第三是夫妻双方能够控制好自己的情绪。

现在，我女儿就坐在台下，这是她第一次参加婚礼。我相信，这也将是她眼中最幸福的婚礼之一。我祝愿新郎新娘能够成为孩子们幸福的楷模，祝福他们白头偕老。

感受到了吗？这段讲话是不是很精彩？听上去很深刻，很打动人？为什么能产生这种效果？很简单，因为蒋先生不仅用到了前文我们讲到的"凡事讲三点"的表达技巧，还用到了简单叙事的搭积木结构以及抛物线结构。所以，他的整个讲话逻辑缜密，没有半点混乱迹象。

事实上，实现简单表达的逻辑结构有多种，下面我们就来介绍常用的五种：

（1）**搭积木结构**

所谓搭积木结构，指的是从左到右的横线结构（如图 5－1 所示）。即你给别人讲一件事情，从左到右列举出来几点（通常三点最好，后面我们仍然以三点来举例），第一是什么，第二是什么，第三是什么。

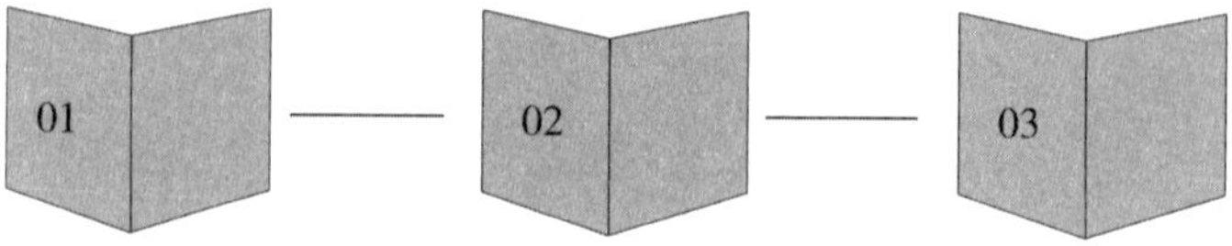

图 5－1　搭积木结构

比如，把大象放进冰箱分为三步：第一步，打开冰箱门；第二步，把大象塞进去；第三步，关上冰箱门。这就是标准的“搭积木结构”。

再比如，2007 年乔布斯在 iPhone 发布会上讲话，他没有向大家讲解专业的产品概念，而是这样说：“今天我们要发布三款革命性的产品。第一款是一个触控式的、宽屏幕的 iPod，第二款是一个革命性的手机，第三款是一个突破性的上网设备。一个 iPod，一个手机和一个上网设备——你们懂了吗？这不是三个独立的产品，而是一款产品，我们叫它 iPhone！”这时全场观众都沸腾了。

运用搭积木结构讲述一件事或介绍一个产品时，你只需罗列出这件事的三个要点，只需介绍这个产品的三个特点。这三个要点、特点之间可以是并列关系，也可以是有逻辑的递进关系，比如第一步、第二步、第三步。所以，运用起来还是比较简单的。

（2）**时间线结构**

所谓时间线结构，指的是以时间为主线来表达问题（如图 5－2 所示）。比如昨天、今天、明天，3 点、4 点、5 点，还可以把这个时间倒过来，如未来、现在、过去。

阿里巴巴创始人马云说过一句很有名的话：“今天很残酷，明天更残酷，

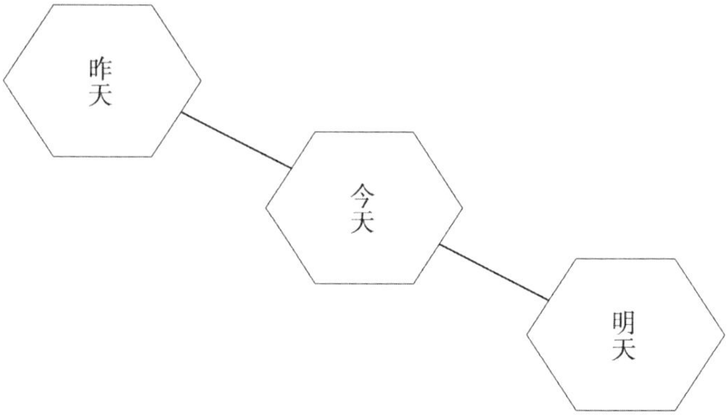

图 5－2　时间线结构

后天很美好，但是绝大多数人死在明天晚上，看不到后天的太阳！”这句话用的就是时间线的结构。

运用时间线结构来表达，就像写作文时的顺叙和倒叙写作手法，沿着时间线去说一件事或一个问题。

（3）**U 形线结构**

U 形线结构（如图 5－3 所示）是讲故事常用的结构：先陈述一段经历，然后经历低谷，最后反转。按照这个逻辑顺序去讲故事，可以让故事的情节跌宕起伏，吸引听众。

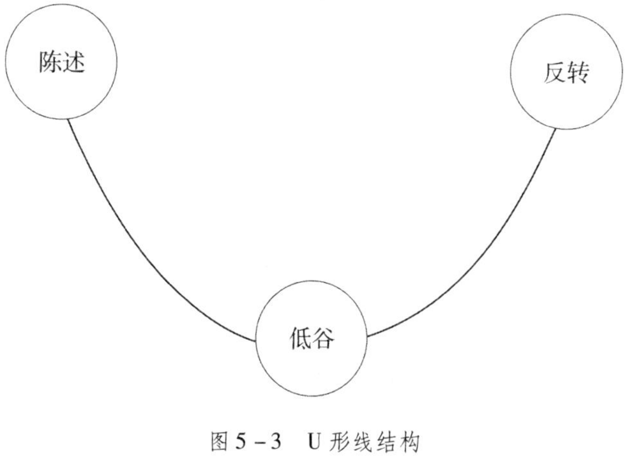

图 5－3　U 形线结构

例如，有位企业家这样讲述自己的人生经历：

“我觉得自己的一生就像一个袋子，20 岁之前袋口没打开，什么也装不下。”这就是陈述。

“20 岁后袋口打开了，我开始不断地往里面装东西，越装越多，比如物欲、金钱、感情、压力等，后来几乎都要撑裂了。”这就是低谷。

“有一天我突然意识到，不能再这样下去了。于是我开始不断地舍弃、清空袋子。一开始我很不舍，但后来真正做到了放下，只留下三样最重要的东西：一是身体，二是家庭，三是感恩。所以我现在觉得特别幸福，我觉得我的一生没有遗憾。”这就是反转。

运用 U 形线结构表达时，最重要的是“低谷”如何埋下悬念，这有点像相声里的制造“包袱”。包袱越好，抖包袱时产生的反差就越大，就越能达到震撼人心的效果。

（4）**三角形结构**

所谓三角形结构，指的是三个平行的点连在一起（如图 5 – 4 所示）。你可以在纸上画三个点，然后把三个点连成一个三角形，之后在每个点处标上代表的对象，可以是你、我、他，也可以是客户、员工和企业，还可以是家庭、工作和学习。

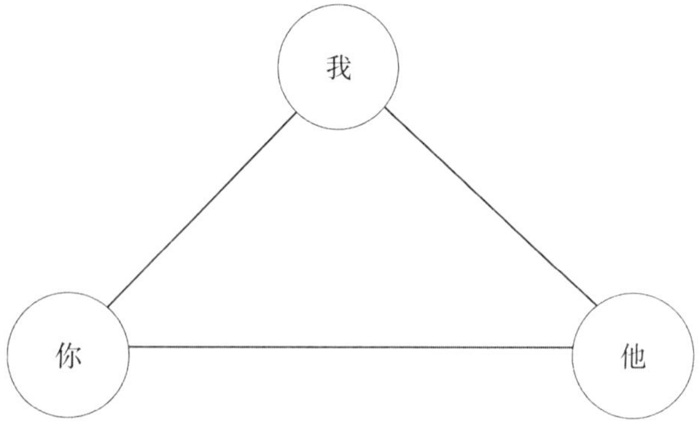

图 5 – 4　三角形结构

假如你对一个正处在彷徨期的朋友说：“你现在已经快 30 岁了，工作还处在起步阶段，女朋友已经等你 5 年了，可你还不想结婚，而是想考在职研究生。你不为自己着想，也得为父母着想，为自己将来的家庭着想吧？有个词叫成家立业，我建议你先结婚成家，然后边工作边学习。”说话的同时，你在纸上画出一个三角形结构图，让朋友认清当前三大问题所处的关系。

三角形结构常用于复杂问题的表达，特别是各种问题搅和在一起，导致我们无法认清各个问题之间的关系时，就可以运用三角形结构来分析问题、表达问题。

（5）**抛物线结构**

所谓抛物线结构，大概意思是一开始上坡，然后中途有个意外发现，最后到达终点（如图 5－5 所示）。本节开头婚礼上的发言用的就是这种结构。

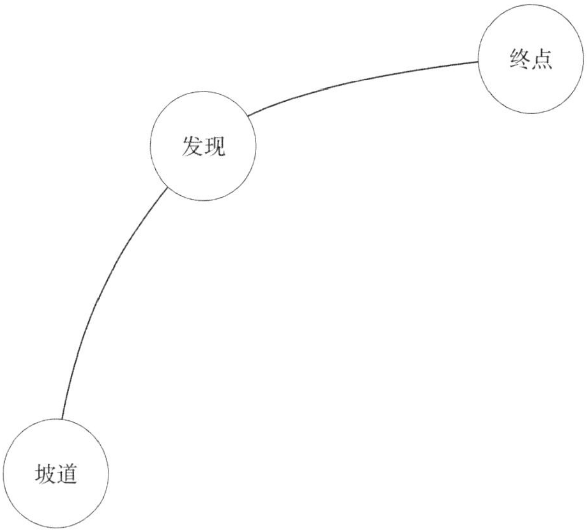

图 5－5　抛物线结构

蒋先生一开始说：“今天出门时，女儿问我：‘什么是结婚？’”这就是在构建和听众的坡道，借着孩子看问题的视角，容易带着听众一起上坡。

然后蒋先生说，他做了一下功课，发现婚姻幸福的三个条件，这就是发现。最后又说他女儿就坐在台下，这是她第一次参加婚礼，这就帮女儿找到了答案，发言也自然画上了句号。

美国前总统奥巴马非常喜欢用抛物线结构来演讲，他经常在演讲开始时说：“今天我的女儿对我说……。”然后，把话题延伸到对美国现状的发现上。结尾通常是：“现在我终于可以回家回答我女儿的问题了。”用这种逻辑结构讲话，听众会觉得很舒服。

三段论让你的表达更严谨

生活中，你是否遇到过不讲理的人？所谓不讲理，是指他们不把你的想法当回事，对你的观点嗤之以鼻。你说服不了他们，却被他们的歪理邪说气得哑口无言。他们可能是你的亲人或朋友，还可能是你的同事或客户，甚至可能是陌生人。

有一次，M 君和几位同事聊到“看一本好书可以提升一个人的自信”这个话题。当时 M 君建议大家看看李开复写的《做最好的自己》，他认为这本书可以提升自信。

还没等他说完，同事 H 君就开玩笑地否定道：“去，去，去，你都不自信，还教别人提升自信呢！”

M 君听了很生气，感觉被同事轻视了，可又不知道怎么反驳。

我们不得不承认，有些人可能是永远无法被说服的，他们认为世界上没有绝对的真理。但是，大多数人还是讲道理的，他们相信两种说服别人的方式：一是实力，二是逻辑。

所谓“实力”，就是用事实说话。比如，一位自卑的人通过努力成为自信的人，最后事业有成。这样的人去教别人提升自信，别人就很容易相信，因为他确实做到了。

所谓“逻辑”，指的是用逻辑去说服别人。当你的逻辑严谨，别人找不到漏洞又无法证伪时，别人也就不得不相信你。

那么，什么逻辑理论可以让我们的表达严谨、无漏洞，让人无可辩驳、无法证伪呢？在这里，我要推荐逻辑推理的三段论法则。三段论是形式逻辑的奠基人亚里士多德提出来的，它是指一个命题（结论）是从另外两个命题（前提）中得出的。举个例子，如图5－6所示。

大前提——人都会死。

小前提——苏格拉底是人。

结论——苏格拉底会死。

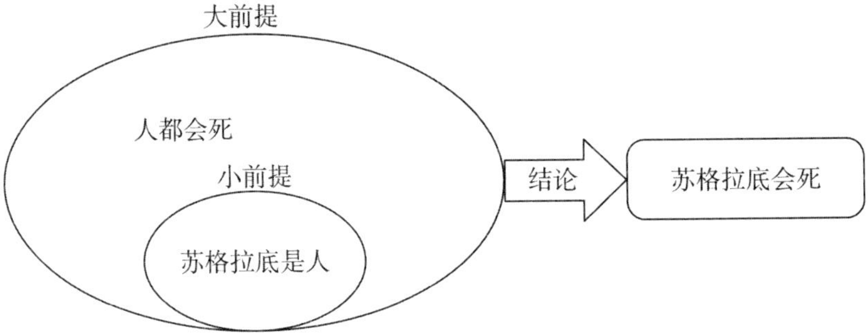

图5－6 三段论举例

把这个推理过程转换成叙述格式就是：人都会死的，苏格拉底是人，所以苏格拉底会死。

三段论是一个表达的框架，需要我们用事例进行填充和说明。为了更好地理解三段论，我们打个形象的比方——厉害的渔夫在湖里捞鱼时，不会直接撒网，而是用三个步骤：

第一步：把鱼赶到一个方便撒网的地方，这相当于大前提；

第二步：撒网把鱼网住，这相当于小前提；

第三步：把鱼带回家，这就是结论。

三段论是一种理性的思维方式，运用三段论来表达观点，可以提升观点的严谨性。回到本节的例子中，M君无法靠实力去说服同事，他只能用逻辑推理三段论去说服同事。如果他掌握了逻辑推理的三段论，说服同事就会简单得多。具体说服步骤有三个，如图5－7所示。

（1）**设置大前提**

大前提是指社会大众基本认可的一般性道理、原理。简单来说，大前提

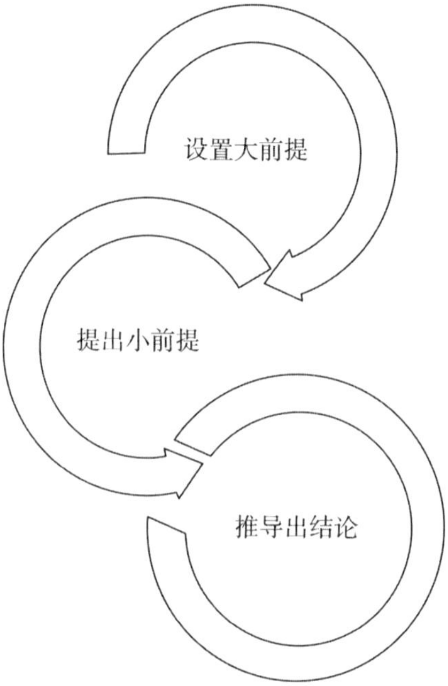

图5－7　运用三段论法的三个步骤

就是我们行动的依据。比如，“人都会死”，这是千古不变的规律，没有人可以辩驳。再比如，“女人都要做家务”，这个大前提也是自古流传下来的。当然了，这个大前提也可能遭到某些人的反对。所以，在设置大前提时要慎重，尽量选择那些千古不变的道理、规律作为大前提。比如，“人都要喝水”“人都离不开空气”等。以这类观点作为大前提，那就是毋庸置疑的。

M君想让同事相信看《做最好的自己》这本书可以提升一个人的自信心，那他首先要找到大前提，让同事的思维跟他同步。

例如，先对自信进行定义。自信是一种感觉自己是超人，感觉自己比别人强的内在心理。有了这种心理，在生活和工作中才会勇敢面对，积极进取。

由此，可以把大前提设置为：相信自己才能勇敢面对一切。有了这个大前提，才能说出自己的观点。

（2）**提出小前提**

小前提是指在大前提之下提出的条件。简单来说，就是你要表达的观点。

但是你的小前提（你的观点）必须在大前提的涵盖范围之内。就好比你家的车库是大前提，你倒车是小前提，最终你的车是要进入你的车库的。

再比如，“人都会死”是大前提，如果你提出的小前提却是“石头真坚硬”，那么这个小前提就不在大前提的涵盖范围内。而“我们都是人”这个小前提就在大前提“人都会死”这个范围内。所以，提出的小前提一定要有目的性。

有个演员是酒鬼，有一次拍一个喝茅台酒的镜头，导演让他用水代替茅台酒，他表示不服，找导演理论：

“导演，拍戏拍的是真实的生活，是吗?”

“是的!”导演说。

“那拍喝茅台酒的戏，就得用真茅台酒啊!”

酒鬼在这里就有目的地抛出了一个大前提——拍戏拍的是真实的生活。之所以要抛出这个大前提，是为了他之后的小前提——拍喝茅台酒的戏，就得用真茅台酒。

M 君的大前提是“相信自己才能勇敢面对一切”，小前提可以设为“《做最好的自己》这本书就是教我们相信自己，保持自己的本色”。

（3）**推导出结论**

相信自己才能勇敢面对一切，《做最好的自己》这本书就是教我们相信自己，保持自己的本色。所以，看《做最好的自己》这本书可以提升一个人的自信。

简单来说，推导出结论的这一步，就是摆出观点，告诉别人应该怎样去做。这在说服别人的过程中，就是促使别人下决定、号召别人去行动的环节。

用“空·雨·伞”理论增强说服力

每天出门时，你是否会带上雨伞？你带或不带雨伞的依据是什么？如果你想让爱人出门带上雨伞，你又会怎么说？别看这个问题很简单，实际上很多人说出来，并不容易赢得别人的认同。例如，有些人会对爱人说：“好像要下雨，赶紧带把伞出门！”

爱人可能心存疑问，回答道：“真的要下雨吗？天气蛮好的，干吗要带伞？”或者：“下雨的概率高吗？到底有没有必要带伞？带把伞多不方便啊！我还是不带了。”

那么，怎样建议爱人带雨伞，才更有说服力呢？我们不妨看看麦肯锡人是怎么做的。

据说在美国麦肯锡公司，大家思考问题和表述问题时，都会严格按照“空·雨·伞”理论的三个步骤来进行。这个理论不仅适用于日常学习、说话和写作，还适用于做人生的重大决策。比如，是否有必要买房、去哪里出游、该不该跳槽等。因为运用这个理论思考和表达问题，可以让问题的逻辑更紧密，说服力更强，也可以让沟通更简化，让听者更容易明白。

那么，什么是“空·雨·伞”理论呢？顾名思义，这个理论包括“空”“雨”“伞”三个部分，如图 5－8 所示。

空——代表环境，意思是观察天空，看看当前事物的状况。

雨——代表我们对天空所做出的观察结果，也就是对环境状况的判断，或当前可能面临的变化。

图 5-8　“空·雨·伞”理论解析

伞——表示采取行动。依据对天空的观察结果做出的决策，也就是针对有可能下雨这一状况采取的应对措施。

用一句话解释“空·雨·伞”理论，就是要出门了，先抬头看看天空，观察一下当下的天气情况，根据乌云等环境判断是否有雨，然后决定是否带雨伞出门。

回到本节开篇，如果用“空·雨·伞”理论建议爱人出门带伞，我们可以这么说：“天空阴沉沉的，好像要下雨，你最好带雨伞出门!”这样的建议有理有据，有结论有主张，因此特别有说服力。

那么，我们在表达中怎样运用“空·雨·伞”理论呢?

（1）**收集第一手资料，确保资料的真实性**

抬头看天气，是指我们自己亲眼去看，而不是听别人说。然后做出判断和决策。因此，运用“空·雨·伞”理论时，必须确保收集到的资料是一手资料，是我们亲手收集的。这样收集到的资料往往比较真实可靠，能为后面的判断和决策提供坚实的事实依据。

比如，你跟别人交涉某个问题，说：“你要求产品打七折我们办不到，不是我不肯，而是公司有规定，领导说我们公司最大的折扣是八折，超出这个折扣我们就没有利润空间了。”可是你说了一堆，对方就是不相信你。

这个时候，你最好发个你和上司聊天的截图给对方，截图里清楚地显示领导说的话：“最大的折扣是八折，超出这个折扣我们就没有利润空间了。”如此，对方还能不相信你吗?这也提醒我们，有时候为了说服别人，我们可以给别人提供一些看似真实的信息，以便服务于我们的说服工作。

（2）**说明更细化更具体，提升话语的说服力**

我们来看一个例子："80%的消费者用过之后，都说我们家生产的空调好用。"乍一看，这话好像也有说服力，可按照"空·雨·伞"理论来说，这样说还不够确切。那么改成"80%的消费者用过之后，都觉得我们家生产的空调好用，噪声小、制冷制热快、省电，很适合家用"呢？

在前一句话中，你已经感受到了"空·雨·伞"理论，它描述了每一项该讲的事情。但在后一句话中，除了谈到了"空·雨·伞"理论，还描述了空调的优点和价值，创造了表达的张力，凸显了产品带给广大用户的效益，这样的表达更有说服力。

我曾经帮一位编辑修改稿件，作者原文有一句话："因为食品安全问题越来越多，大家对有机农产品的关注度越来越高。"乍一看，这句话把"空·雨·伞"三个要素都讲了，不过，我觉得如果描述的理由更客观点，以及大家对农产品的关注更具体点，或许效果会更好。

后来我建议他修改为："因为食品安全问题越来越多，大家对有机农产品的关注度越来越高。消费能力高的人，宁愿多花些钱也要买安心、无农药的有机农产品。"这样就把人群锁定在了一个更小的范围内，增强了说服力。

IREP 表达法：主张 + 根据 + 案例 + 总结

前文我们讲过 30 秒电梯理论，即利用乘电梯的大概 30 秒钟，向别人清楚地表达一件事情。由于在电梯里无法做别的事情，对方只能听你说，因此，这样的环境还算一个比较适合交谈的环境。

可是有些地方没有电梯，要想跟别人谈事情，就可能会打扰到别人。这个时候的交谈技巧就显得尤为重要了。怎样才能在最短的时间内告诉别人最有价值的信息，让对方对你的话产生兴趣，愿意继续听你讲下去呢？

在英国牛津大学，里面多数老建筑没有电梯，研究生们只好另辟蹊径，利用英国人爱喝茶的习惯，在教授们喝茶的时候去请教问题。休息的时间被打扰，和在电梯里不得不听别人说话是不一样的。为了避免引起教授们的厌烦，研究生们进一步提升了表达效率，创造出 IREP 表达法。

所谓“IREP 表达法”，指的是 Issue、Reason、Example、Point 这四个英文单词的缩写。它的意思是，先从结果、结论、主张说起，然后说明得出这个结果、结论、主张的原因及根据，再举出具体的例子佐证，最后做一次总结，强调一下结果、结论、主张。

楚汉争霸，以刘邦的胜利而告终。在平定天下之后，刘邦开始论功行赏。他认为萧何的功劳最大，就封萧何为侯，给了萧何很多封地。这引起了大臣们的不满，大家私下里议论纷纷。大臣们认为，论功行赏首先应是曹参，他曾多次率兵攻城略地，屡战屡胜，功劳最大，而且其全身受伤 70 余处，忠心日月可鉴。

面对这种情况，刘邦有些不知所措。这时关内侯站出来说：“曹参功劳虽大，但只是一时之功。皇上与楚王对抗五年，经常丢掉部队，四处逃避，萧何总是从关中派人弥补战线上的漏洞；楚汉在荥阳对抗多年，军中缺粮，也是萧何从关中辗转运来粮食；再说了，皇上有几次避走山东，也是萧何保全关中，使皇上顺利得到接济，这些才是万世之功。你们凭什么认为一时之功高过万世之功呢？所以，我主张萧何第一，曹参居次。”

刘邦听了，连连称好，大臣们听了也心悦诚服。

在这个例子中，关内侯就采用了 IREP 表达法，他一开始就摆出观点——曹参功劳虽大，但只是一时之功。然后，说出支持性的根据，再举出具体的案例佐证，最后强调个人主张。整个表达层层深入、环环相扣、有理有据、说服力十足。

接下来，我们就具体介绍一下 IREP 表达法的四个步骤，具体如图 5 - 9 所示。

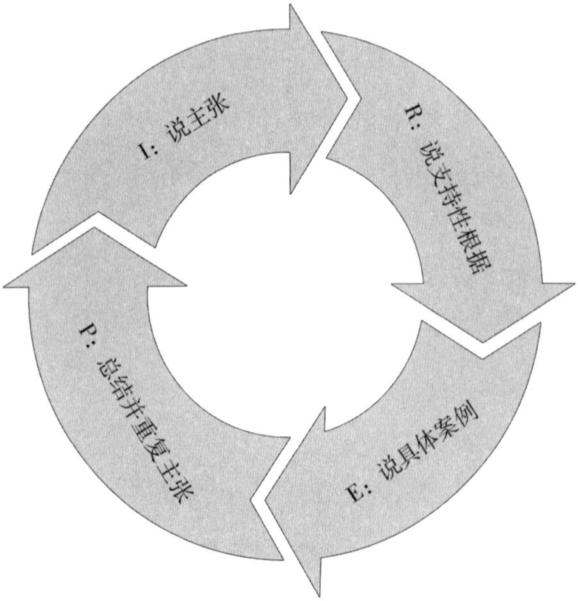

图 5 - 9　IREP 表达法的四个步骤

（1）I：**说主张**

教授正在喝茶休息，你却去向他请教问题，他被打扰了，可能不太高兴。这个时候，你的第一句话必须引起他的兴趣，让他想了解你为什么有这样的主张，有这样的想法。所以，第一句话非常关键，你必须开门见山地说出主张、想法。比如：“我赞成同性婚姻合法化。”“我觉得应该创造条件，让在校生参加社会实践。”

在日常生活和工作中，你肯定也有请教他人的时候，也有向上司请示问题的时候，这个时候你可以借鉴研究生向教授请教问题的做法，开门见山地说出你的想法、主张。比如，“A 方案和 B 方案都很有希望出现，但我赞成 A 方案”。再比如，“我不赞同和××公司开展业务合作”。

（2）R：**说支持性根据**

说完主张后，对方肯定会问你：“你为什么这样认为?”“你怎么有这样的想法?”“你这样说的理由是什么?”这时就该你说支持性的理由和根据了。所以，你事先必须做好充分的准备，把理由和根据罗列出来，牢记于心。如果记不住，你还可以将其记在纸上。而且你最好列出三个理由，因为三点论不多也不少，便于记忆，又显得全面专业。

需要注意的是，不是任何理由都能成为根据的。那些能够成为根据的，必须是这样的内容：

①权威性的资料、数据、统计数字等客观资料。

②学术书籍或论文上的言论。

③从书上学习得来的知识。

④他人的建议、见解。

⑤自己的亲身经验。

另外，在说出根据时，还要观察当下所处的交谈环境。如果你在学术会议发表讲话，却总是用自己的经验作为根据，就很难得到认可。如果你以权威性的资料、数据、统计数字等客观资料作为根据，就比较有说服力。比如，“国家计生委 2018 年的统计数据显示，中国人首次结婚的平均年龄，在 2008

年女性为××岁，男性为××岁。但到 2018 年时，女性上升到××岁，男性则为××岁”。而在日常交谈中，你以个人的亲身经验和他人的建议、见解作为根据，则没什么不妥。

（3）E：**说具体案例**

当你说了主张，也说了根据后，第三步你应该说案例。因为单凭理论性的依据，还是不能让你的话产生强大的说服力。提到说案例，有些人会说这样的案例：“现代人的结婚年龄慢慢推迟，结婚率也呈下降趋势等原因，造成太晚生小孩或不生小孩的比例逐年上升。”表面上听起来逻辑是正确的，但是这样的案例不够贴近生活，似乎是为了举例而举例。

如果这样说，效果会不会更好呢？如下所示：

“30 年前，我们这代人大多在 22 岁左右就结婚，然后就生孩子。可是现在的年轻人，大学毕业就到了二十四五岁，再工作一两年，就到了二十六七岁，如果有男女朋友，结婚大多发生在这个年龄段。而有很多人是没有找到对象的，或找到对象了，但没有经济实力结婚的，这就大大拉高了现代人的结婚年龄。伴随晚婚而来的自然就是晚育……”

如果需要的话，还可以举个隔壁老王家孩子结婚的例子，或举个亲戚家女孩结婚的例子。这样就非常真实地再现了一种现象，说服力就很强了。

（4）P：**总结并重复主张**

最后，将你前面说的话做一个总结，重复你的主张，以加深对方对你主张的印象。

按照以上四个步骤去表达，任何时候你都不会出现思路混乱的现象。需要注意的是，在以上四个步骤中，任何一个步骤都应该遵循重点突出、语言简洁明了、层次具体清晰的表达原则。在整个沟通过程中，要发挥简单表达的魅力。

SCQA 模型：结构化表达的工具

经常看电影的人大都了解电影故事的套路，它往往是按照“背景→冲突→疑问→回答（答案、大结局）”这样一个逻辑顺序展开故事情节。这个逻辑结构可以引导我们有逻辑地思考，让别人很自然地根据我们构建的框架去理解我们所表达的事情，从而获得重点。

事实上，“背景→冲突→疑问→回答”这个架构有个专业名称，叫 SCQA 模型（如图 5－10 所示）。它是一个结构化表达工具，由麦肯锡咨询顾问芭芭拉·明托在《金字塔原理》一书中提出。

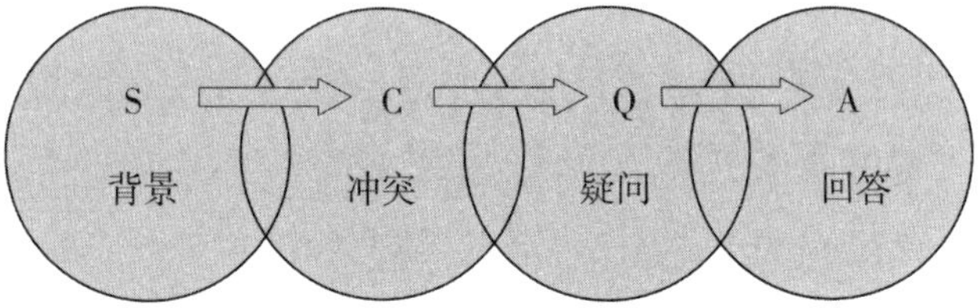

图 5－10　SCQA 模型

S——背景（Situation），即大家熟悉的情景、事实，是引入正题的突破口。

C——冲突（Complication），即实际情况和我们的要求、愿望有冲突。

Q——疑问（Question），即疑问、困惑，怎么解决冲突。

A——回答（Answer），即问题的答案，解决冲突的方案，这是表达的重点。

用一句话来说，SCQA 模型是通过陈述大家熟悉的、普遍认同的事情或事情发生的背景（S），由此切入正题，引出现实情况和我们要求、愿望的冲突（C）。这样既不突兀，又容易引起大家共鸣。然后提出大家关心的问题："如何化解这个冲突（Q）？"最后给出答案和方案（A）。整个结构非常严谨，每个环节都不可或缺。

SCQA 模型常用于广告文案，比如，某治疗灰指甲的产品，其广告词就是按照这个模型来的：

得了灰指甲——陈述背景（S）；

一个传染俩——在这个背景下发生了冲突（C）；

问我怎么办——站在对方的角度，提出疑惑（Q）；

马上用亮甲——给出解决方案（A）。

再比如，某公司在一所高校开展校园招聘活动。在招聘活动开幕式上，该公司招聘负责人说的一段话也遵循了 SCQA 架构：

"应届大学生亟须就业岗位（这是陈述事实背景 S），可是大企业很难进得去，小公司大家又看不上（这是冲突 C，是在背景 S 下的矛盾点），那么大家该怎么办呢（这是提出大家心中的疑问 Q）？我建议来我们公司（给出答案 A，这是整段话的关键）。"

为了吸引人才涌入自己的公司，招聘负责人还介绍了公司的优势："我们公司有三大优势：一是有大企业的平台与资源，二是有小公司的个性化培养，三是有合理的薪资福利体系。今天我们在这里举办招聘会，欢迎大家积极面试。"

招聘负责人的这段讲话，逻辑严谨，言简意赅，句句讲在点子上，迅速将招聘会现场的气氛点燃了。这就是 SCQA 模型在表达中所发挥的作用。

SCQA 模型在实际运用中，可以结合具体情况和表达所需进行简化。只要把"背景→冲突→疑问→回答"的顺序打乱，就可以突出表达的重点。那么，我们应该怎样根据实际情况运用 SCQA 模型简化表达，提升沟通效率呢？如图 5－11 所示。

（1）SCQA 模型的开门见山法

你想突出答案，那么就应该运用 SCQA 模型的开门见山法，按照"回

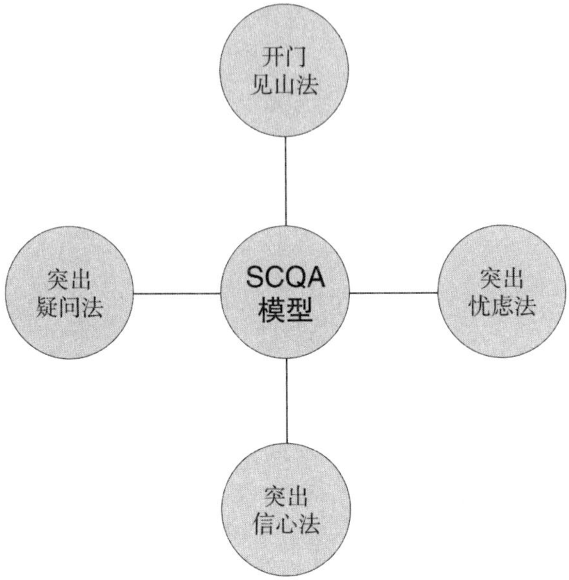

图 5－11　SCQA 模型的四种常见用法

答→背景→冲突”的顺序去表达，即 ASC。

比如，你想向朋友推荐某个品牌的洗发水。按照 SCQA 模型的常规套路来表达，你应该先说头发油腻、开叉、头屑多等问题，这些情况几乎每个人都会遇到，这就是交代背景。然后你要介绍冲突，即我们都想头发柔顺、清洁、有光泽，这就是冲突。接着，你要提出问题：怎样解决头发油腻、开叉、头屑多的问题呢？最后你告诉朋友答案：“我推荐你用××洗发水，我最近一直用，特别好。”

那么，运用 SCQA 模型的开门见山法，你就应该先说答案：“我推荐你用××洗发水，我最近一直用，特别好。”朋友肯定会有疑问：“为什么推荐我用这款洗发水？”此时你就可以顺其自然地把背景交代清楚，把问题讲明白，最后再强调一遍主题。

一般来说，SCQA 模型的开门见山法经常用于工作汇报、开会发言。它可以帮我们快速表达重点，优先讲出重要的内容；然后，再交代背景，说明冲突；最后强调重点。

（2）SCQA 模型的突出忧虑法

所谓 SCQA 模型的突出忧虑法，指的是首先讲冲突，给听众制造忧虑、忧患，激发听众对背景和答案的兴趣，即 CSA。这一招可以说是那些想推销高利润药品的医生的常用话术。比如下面这个例子。

医生："哎呀，你这病可不简单啊，病得不轻啊！"

相信这话谁听了都无法淡定，会马上紧张起来，急切地问："医生，怎么回事啊？"

"哎……你别紧张，虽然这病有点复杂，但还是能治的。美国有一项最新研究成果，通过了 FDA 认证……"医生不紧不慢地说。这就是在交代背景。

患者听了这话，悬着的心也放了下来。同时，患者也下定决心，必须赶紧救治，否则以后会更难治。

"不过你要有心理准备啊，这药有点贵！"这才是医生想说的重点。前面制造忧虑、交代背景，都是为了最后让患者更好地接受这种有点贵却利润高的药。

（3）SCQA 模型的突出信心法

所谓 SCQA 模型的突出信心法，指的是先提出问题，表达出信心，然后再交代背景、冲突，给出答案，即 QSCA。例如，在某公司的主题会议上，总经理说：

"今天我们公司面临的最大威胁是什么？"这是提出疑问，抛出问题。

"过去十几年，互联网技术高速发展，网上购物如同家常便饭，实体经济受到了强烈的冲击！"这是背景。

"我们不想承认受到了互联网的冲击，但我们公司的业绩确实下滑了！"这是冲突。

"所以，我们决定建立网店，实现网店和实体店并轨发展模式。"

答案出现，这表示总经理对实行网店和实体店并轨发展模式很有信心，旨在激励大家保持信心，为提高公司业绩做贡献。

（4）SCQA 模型的突出疑问法

所谓 SCQA 模型的突出疑问法，指的是在交代背景、冲突，提出疑问后，不直接说出答案和方案，而是把疑问留给听众，让听众去思考、讨论，大家共同商量出解决方案，即SCQ。例如，在“如何避免成为低头族”的讲座上，主讲人说：

“很多人都有这样的体验：只要一天中玩手机的时间偏长（S），就会出现注意力分散、思考问题的效率降低、眼睛疲劳等情况（C）。手机就像一个黑洞，就像一个浪费时间的天坑，那么，我们该如何避免掉入这个坑呢（Q）？”

说到这里，主讲人停顿了下来，过了几秒后，他说：“请大家讨论一下，你们有哪些办法可以减少玩手机的时间，把自己的办法写下来，我们最后汇总起来！”在这个例子中，主讲人采用的就是SCQA模型的突出疑问法，把问题摆出来，让大家去思考、讨论。

把理由归纳成组，更加清晰明了

在汇报工作或讨论复杂问题时，如果你观点中的要点、论据（理由）、细节很多，而你又没有把这些要点、论据、细节按照一定的逻辑归类分组，逐个类别地讲出来，而是想到什么讲什么，那么，别人听起来就会觉得很混乱。

我们假设一下，你马上要参加公司技术总监岗位的竞聘，下面是你多年来的工作业绩，请问你打算怎么表达？

工作成绩汇总：

成绩 1：作为导师，带出 5 名新员工，如今这 5 人都成为各工作岗位的骨干；

成绩 2：带领部门进行技术攻关，解决了多个重大难题；

成绩 3：组织项目可行性研讨，制定项目实施规范；

成绩 4：制作系统的岗位培训课件（20 个 PPT）并授课；

成绩 5：解决新人工作经验不足的问题，开展上岗培训；

成绩 6：担任技术负责人，保证多个项目如期完成；

成绩 7：为方便员工不断学习新知识，建立领域知识库；

成绩 8：担任 ××× 大型项目技术顾问，并做出突出贡献；

成绩 9：在公司流程基础上，不断完善公司管理流程和规范；

成绩 10：多次组织公司技术部人员与同行技术部人员交流学习。

稍微观察一下你就会发现：上面 10 个成绩是无序排列的，如果你从 1 讲到 10，那无疑也会给人混乱的感觉。整个思路非常混乱，看似你讲了很多，实际领导记不住要点。明智的做法是，事先按照一定的标准对这 10 个成绩进行分组归类，表达的时候，优先讲出这几个大点，告诉领导你在哪几方面做出了成绩。最后，再逐一介绍各方面的成绩。把这个思路画出来，就是一个典型的金字塔结构图。

接下来，我们继续以这个假设为例，看看到底如何归纳分类、如何取名、如何安排以上的若干项成绩。归纳分类的四个步骤如图 5－12 所示。

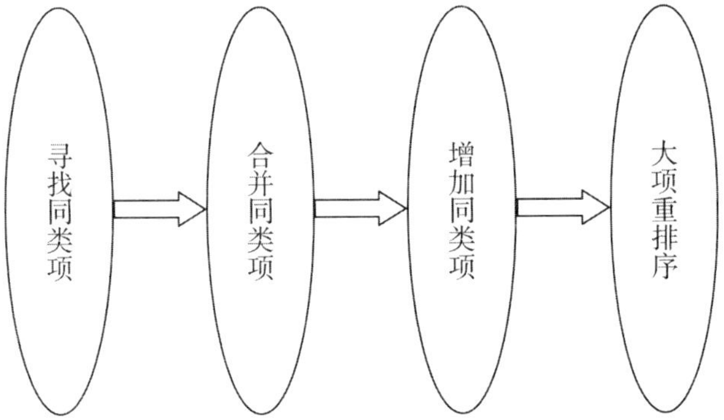

图 5－12　归纳分类的四个步骤

（1）**寻找同类项**

所谓同类项，指的是具有相同性质、特点，或在某些方面具有共同点的选项。比如土豆、胡萝卜、香菜、青菜等，属于蔬菜一类；葡萄、橘子、苹果等，属于水果一类。

除了按归属性来划分类别，还可以按时间、地点、部门等来划分类别，如 2016 年你做出了什么成绩，2017 年做出了什么成绩，2018 年、2019 年做出了什么成绩。

还可以按照内容来划分，比如，支出分为一类，收入分为一类；培训分为一类，项目分为一类。回到上面的案例中，我们就可以按照这种方法来分类：

第一类：项目方面的成绩。

成绩 2：带领部门进行技术攻关，解决了多个重大难题；

成绩 3：组织项目可行性研讨，制定项目实施规范；

成绩 6：担任技术负责人，保证多个项目如期完成；

成绩 8：担任 × × × 大型项目技术顾问，并做出突出贡献。

第二类：培训方面的成绩。

成绩 1：作为导师，带出 5 名新员工，如今这 5 人都成为各工作岗位的骨干；

成绩 4：制作系统的岗位培训课件（20 个 PPT）并授课；

成绩 5：解决新人工作经验不足的问题，开展上岗培训；

成绩 7：为方便员工不断学习新知识，建立领域知识库；

成绩 10：多次组织公司技术部人员与同行技术部人员交流学习。

第三类：管理方面的成绩。

成绩 9：在公司流程基础上，不断完善公司管理流程和规范。

（2）**合并同类项**

所谓合并同类项，指的是在分好类的基础上，对三大类别里的若干个成绩进行合并。当然，前提是各个大类里的成绩出现了重复，有必要进行合并。我们知道，大多数问题都可以讲三点，而且最好讲三点，按照这个思路，我们可以将项目方面的成绩和培训方面的成绩简化到三条。

比如，可以将“成绩 6：担任技术负责人，保证多个项目如期完成”删掉，留下成绩 2、成绩 3、成绩 8。当然，也可以将成绩 8 作为成绩 2 的补充或举例。这只是提供一种参考意见，到底该怎么简化，每个人都可以有自己的思考。

再比如，可以将成绩 4 和成绩 7 合并，将成绩 5 和成绩 10 合并。如果你觉得成绩 5 和成绩 10 不足一提，也可以删掉，留下成绩 1、成绩 4 和成绩 7。

（3）**增加同类项**

有删减、有合并，自然有增加。为了突出你的业绩表现，让你在竞聘中获胜，最好不要有“瘸腿”的大项。你应聘的是公司的技术总监，作为一名高层管理者，具备相应的管理才能是很有必要的。而在现在的 10 个成绩中，能够体现你管理才能的只有成绩 9，所以你不妨想想自己在管理方面还有哪些成绩遗漏了，赶紧将管理方面的成绩补全。最好有3个成绩，如果实在没有成绩，那也没必要无中生有。

（4）**大项重排序**

项目、培训、管理这三方面的成绩，哪个应该排在第一位呢？哪个应该排在第二位呢？哪个应该排在最后呢？这关系到你能否在竞聘中坚持“先讲最重要的事”这一表达原则。只有深入思考这3个成绩与技术总监这个职位的关系，你才能对其进行合理的排序。

我的理解是，技术总监首先是技术方面的NO.1，首先要说明自己在项目中的突出技术，因此，应该把项目放在第一位讲。其次，技术总监作为管理者，应该具备较高的管理才能，因此，应该把管理放在第二位讲。最后，要讲培训方面的成绩，突出自己对公司的贡献，让领导明白你不只是自己出色，还愿意带领大家共同进步。

综合以上，最终你要讲的内容就被简单化、条理化了。即一开口就说：“我今天想竞聘公司的技术总监一职，现在我简单介绍一下过去几年我在工作中取得的成绩。我的成绩主要体现在三个方面：第一方面是项目方面，第二方面是管理方面，第三方面是培训方面。项目方面我有三大成绩：成绩1……成绩2……成绩3……；管理方面我有三大成绩：成绩1……成绩2……成绩3……；培训方面我也有三大成绩：成绩1……成绩2……成绩3……”

试着体会一下，这样表达是不是比一股脑儿、不分类、不排序、不按逻辑地表达清晰很多呢？

第 6 章

精准：措辞准确，让你的表达直抵人心

有些人说了很多话，也没有准确地表达自己的意思。听者回应一两个词，他们马上如释重负地说："对，对，对，就是这个意思。"可见，要想精准表达不一定要说很多话，但一定要用对词。措辞准确，才能达到"一个词代替一句话，一句话表达自己想法"的沟通效果，才能直抵人心。

说得准，才能说得清、讲得透

精准表达是实现简单沟通的有效途径之一。表达精准，才能长话短说，化繁为简。说得准，才能把事情说清，把问题讲透，别人才会听得明白、记得深刻。

1936年10月19日，著名新闻记者、政治家邹韬奋先生在公祭鲁迅先生大会上发表演讲，但整个演讲他只讲了一句话："今天天色不早，就用一句话来纪念先生：许多人是不战而屈，鲁迅先生是战而不屈。"

这句话简洁至极又通俗易懂，最为关键的是它精准地指出了鲁迅先生的人物特点，可谓简洁之中见通俗，通俗之中见深刻，深刻之中显真情。这句话不仅说得准，也很清楚、透彻地指出了鲁迅先生的伟大之处。

很多时候，把意思表达准确不仅是为了把问题说清、说透，更是为了说服听众、鼓舞人心，赢得支持和配合。因此，精准表达是现实所需。要知道，有时候由于客观环境的限制，容不得你长篇大论，侃侃而谈，你只能三言两语，直指问题要害。比如，危情救急、抢险工地、战场紧急调度等，在这些情况下，只有简明扼要地说明要害，才能显示你的影响力。

公元前209年，陈胜在大泽乡揭竿而起，面对900余名戍卒，他仅用40多个字就号令大家抱团起义："公等遇雨，皆已失期，失期当斩。藉第令毋斩，而戍死者固十六七。且壮士不死即已，死即举大名耳，王侯将相宁有种乎！"

短短几句话，把当时的形势分析得十分透彻，让大家清醒地认识到利害关系，极富号召力。如果在危急关头，陈胜作长篇大论的演讲，说一堆不痛不痒的大道理，能产生那么强大的号召力吗？大家愿意誓死追随他起义吗？结局恐怕就不好说了。

很多人都有这样的经历：你走进一家服装店，热情的导购马上迎上来，微笑着向你介绍最新款式的服装。对方滔滔不绝，娓娓道来，但就是不顾你的感受，不问你的喜好。这不等于闭着眼睛乱开枪吗？这样话说得再多，也说不到你的心坎里，谈何营销？可见，言不在多，而在于准。说得准确到位，才能说到别人的心坎里，才能打动人心。

那么，我们怎样才能把话说得准确到位、直击人心呢？

（1）**分析具体形势，剖析听者心理**

2000 多年前，马其顿率军远征印度，时值炎炎盛夏，将士们口干舌燥，马其顿只好派人四处找水，结果只找来一杯水。马其顿高兴地举起水杯，振臂高呼："找到了一杯水，说明附近就有水源，为了找到水源，我们必须勇敢前进。"说完，他将那杯来之不易的水倒在地上。将士们大受鼓舞，群情激昂，顽强进军，终于找到了水源。

面对群体性缺水，一杯水那是杯水车薪，平分一杯水没有意义。如果给某个人喝了，会让大家感到不公平，打击将士们的积极性。马其顿看到了这种形势背后大家的心理——宁愿都不喝水也要公平。所以，当马其顿给大家指出了希望，号召大家勇敢向前时，才能取得振奋人心的效果。

这个例子告诉我们，在说话时一定要分析具体形势，并揣测形势之下听者的心理。然后说出针对性的话，满足对方的心理需求。这样对方自然会为你拍手叫好，自然愿意支持你、配合你、追随你。这一点在德国著名诗人和戏剧家贝托尔特·布莱希特的一次演讲中就体现得淋漓尽致。

一次，有人请布莱希特参加一个作家聚会，并让他致开幕词。聚会那天，主办人先讲了一大堆没有实际内容的贺词，耽误了大家很多时间。然后，再请布莱希特致开幕词。

布莱希特上台后，到会的记者们赶紧掏出笔和小本子，伴随而来的是响个不停的照相机快门声。然而，布莱希特只讲了一句话："我宣布，会议现在开始！"

当时大家对主办人冗长的讲话已经很不耐烦了，都期盼会议能早点开始，布莱希特的话一下子抓住了听众们的心理，所以赢得了大家热烈的掌声。

（2）**研究当前问题，找出关键要害**

林肯当律师时胜诉率很高，有人问他打赢官司的秘诀，他是这样说的："在一场官司的辩论过程中，如果第七点议题是关键所在，我宁愿让对方在前六点占上风，而我在最后的第七点获胜。"在一场非常有名的官司的辩论中，林肯就是凭借这一点获胜的。

当时那个官司进行到最后一天，对方律师花了很长时间来总结此案。林肯本来可以逐一进行驳斥，但他并未那样做，而是选择了一个最简单的辩论方法——将突破口指向能够决定案件胜负的最重要的一点上。他只用了不到1分钟的时间，就把对方驳倒了。最后，他赢得了这场官司。

面对引经据典、慷慨陈词的对手，林肯把自己的观点聚焦到一点，并浓缩成不到1分钟的陈述，精确地击穿了问题的本质，把问题说透了，这就是他说服陪审团和法官的高明之处。可见，有理的话不一定要说得多，说到点子上、说到精髓处，才能直击人心、令人心悦诚服。

用词不恰当，表达语义难精准

中国文字博大精深，同样的话在不同的语境和语态下说出来，意思差别极大。如果说话不注意用词和语境，就很容易让人产生歧义，使听者误解，最后影响双方的关系。

有个人请一帮亲朋吃饭，过了约定时间很久，还有一些客人没来。主人心里很着急，随口就说了句："怎么回事啊？该来的客人还不来，搞得都不能按时开饭了。"

已到的客人听了这话，心想：该来的客人没来，那意思是我不该来吗？于是有些人找了些理由就走了。

客人还没来齐，又有客人要走，把主人急得忙说："怎么不该走的又走了呢？"

剩下的客人一听，心想：如果走的那几位是不该走的，那意思是我该走吗？于是又走了几个客人，最后只剩下一位客人。

主人的妻子责备道："你怎么乱说话呢？看把客人都气跑了！"

主人委屈地说："不是呀，我并没有叫他们走啊！"

最后一个客人听了，便想：他们走了，你说不该走，还说没叫他们走，那是叫我走吗？于是他头也不回地走了。

每个人都会说话，但并不是都能准确地表达自己的意思。有时我们说出的话，在别人听来却是另外一种意思，甚至是相反的意思。这就叫误解。在上面的故事中，主人口中"该来的""不该走的"等词，谁听了都会产生不好的联想。

造成误解的主要原因是什么呢？最常见的一个原因是用词不当。当一个人用词不当时，轻则闹出笑话，让人觉得他腹中没文化、说话没水平，重则可能引发矛盾冲突。那么，常见的用词不当有哪几种情况呢？如图 6－1 所示。

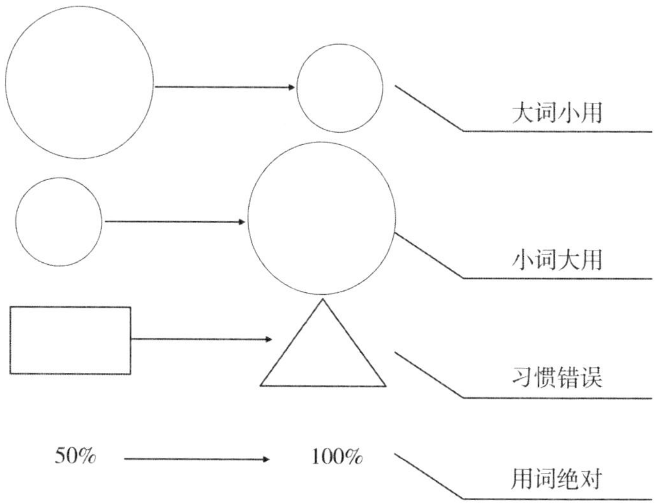

图 6－1　用词不当的四种常见情况

（1）**大词小用**

大词小用是指有些词语应用于较大的问题、较大的关系，如果用在较小的问题、较小的关系上，就是不准确的表达。比如，有一次王大婶和儿媳吵架，惊动了左邻右舍。邻居刘大叔就来劝架，对她们说："你们不要吵架了，你们是一家人，应该肝胆相照，和平与共……"在这里，刘大叔就犯了大词小用的毛病。"肝胆相照，和平与共"常用于国际关系，用它来劝说婆媳间的矛盾，就不准确了。

（2）**小词大用**

小词大用与大词小用相反，是指把本该用于较小问题、较小关系上的词，却用在了较大问题和较大关系上，从而造成语意不准确。比如，某局长和某国访问团座谈，座谈会快结束时，局长做总结发言："不管国际风云怎样变幻，我们两国都要抱成一团儿……”在这里，“抱成一团儿”常用于人与人之间的关系，用于两国之间的关系，就犯了小词大用的错误。

（3）**习惯错误**

所谓习惯错误，是指有些从古沿用至今的习惯性说法，随意地用其他词语代替，以致不能正确地表达思想。比如，某地方领导主持一个追悼会，本该说“请大家默哀三分钟”，但他却说“请大家难过三分钟”。三分钟过后，他还没意识到自己的错误，继续说：“现在难过结束。”

虽然“默哀”与“难过”意思相同，但在追悼会上，“默哀”是习惯性用词，这是约定俗成的，如果随意改变，就与严肃的追悼会气氛不符，就会闹出笑话。

（4）**用词绝对**

把可能性的话，说成绝对性的话，把真实的意思说成夸大的或缩小的，这样就违背了准确表达的原则，很难得到认同。比如，方案讨论会上，员工 A 说出了自己的方案，员工 B 马上说：“你的方案根本行不通！”这里的“根本”一词就把话说绝了，会让人难堪。

学会准确用词，是精准表达的最基本要求。用词准确，不仅能客观形象地反映事物的原貌，更能精准地表达你的思想感情和意图，有利于与人顺利高效地沟通。那么，我们怎样才能做到用词准确呢？

①多阅读、多积累，丰富自己的词汇量。

法国著名作家福楼拜曾告诫人们：“任何事物都只有一个名词来称呼，只有一个动词来标志它的动作，只有一个形容词来形容它。如果讲话者词汇贫乏，说话时即使搜肠刮肚，也绝不会有精彩的谈吐。”这就是词汇的力量。

如果你的词汇量不足，就很难找出最适合的词来表达自己的思想和见闻，精准表达、简洁表达就成了一种奢望。如果你词汇量丰富，你不仅可以又快又准地用词，而且只要说出某个词，别人就知道你在说什么，你想做什么，你当下最准确的状态。

要想拥有丰富的词汇量，最好的办法就是多阅读、多积累，让自己知道更多词汇、记住更多词汇。当然，还要明白各个词汇的意思，明白它们适用于什么样的语言环境，这样才能准确地运用于沟通，为精准表达服务。

如果你对某个词似懂非懂，拿不准其意思，最好不要想当然地乱用。比如“差强人意”一词，真正的意思是“基本让人满意”，而有些人却想当然地认为是“不满意”的意思，结果错用，显得很没水平。

②仔细辨析近义词，以防用词不准确。

现代汉语词汇丰富多彩，很多近义词语义差别较小，但用法和用途却差别较大，稍不注意就会错用。如果说话不经思考，不仔细辨析，想当然地用词，就很容易造成语言的混乱，更谈不上精准表达。

比如，一位部门主管对总经理说：“听了你的话，我感到十分后悔。作为部门主管，我的觉悟还不如普通员工。”在这里，“后悔”就用词不准。因为“后悔”是指事后感到懊悔的意思，而按这位主管的表述，他是想表达自己因认识到在某个问题没有普通员工做得好而感到羞耻、惭愧的心情，应该用“羞愧”“惭愧”比较恰当。

③能确切就确切，不能确切就笼统。

在沟通中，有些话可以确切地说，比如，“明天上午 10 点见面”“在××路的咖啡店见面”，这样有利于双方准时赴约。而有些话不能确切地说，就不能随便说，例如，明天你有事，暂时不知道事情什么时候办完，无法给对方一个确切的见面时间，这时你可以说：“明天我要先办件事，见面时间明天等我通知!”

还有一些事情，属于主观推测或判断，这时应该说得笼统一点，而不能说得太确切，否则就会犯“说话太绝对”的错误。比如，你在评价别人观点时可以说：“你的观点可能也对！他的观点好像也有道理。”而不应该说：“你的观点绝对有问题，他的观点才靠谱。”“你们的观点根本不对。”这样主观性、绝对化的说法一出口，很容易得罪人。而笼统地说，既可以给别人留面子，又可以给自己留余地，还能维护好人际关系，何乐而不为呢？再说了，很多事情并没有绝对的是非对错，笼统地表达才是最准确的，才是精准表达的表现。

④注意词语的感情色彩，照顾他人感受。

中国汉字是奇妙的，不少词都带有一定的色彩。比如，有些词是褒义词，有些词是贬义词。有些词适合某些特定的场合，如果用在别的场合，就会影响表达效果。反过来，某些特定场合只能用某些特定的词，否则就会伤害听者的感情。

比如，有个人安慰悲痛中的朋友："没想到你母亲才刚死不久，你父亲也因重病上了西天，真让人伤心。"在这里，"死""上西天"用得就很不妥当，显得很不礼貌，缺乏同情心。特别是"上西天"，由于它是贬义词，用在这里与整句话的感情色彩极不协调，应把它们分别改为"去世""病故"等词语。

生活中对跛脚的人，我们不应该说"瘸子""跛脚"，而应该说"腿脚不利索"；对耳聋的人，不应该说"聋子"，而应该说"耳背"。再比如，长途汽车停靠路边，司机对乘客们说："需要方便的乘客现在可以下车方便一下。"而用餐时想上厕所，一般用"洗手间"来避讳。这些都是在充分照顾他人感受的前提下的精准表达。总之，切莫哪壶不开提哪壶，而应该做到"矮子面前莫说矮"，这样才不至于大煞风景。

表达越具体越容易理解

每个职场人士都有接受领导布置工作的经历，很多领导在安排工作时，喜欢笼统地交代几句，例如："小王，15号要开市场分析会，你这两天写个市场分析报告。记住，时间比较紧，你要加快进度！"简单几句话就把工作安排下去了。

小王是否听懂了呢？他知道领导让他做什么事吗？也许小王听懂了，不就是写个报告嘛！把市场工作总结一下，提些建议就可以了。领导是怎么想的呢？领导可能认为小王应该先做个市场调研，了解客户的需求，测算市场份额，再针对提升销售额提几个有价值的方案。

因此，当小王把市场分析报告交给领导时，领导大失所望："怎么写成这样？这不是我要的东西！我要的是……"小王愕然："那你布置工作的时候怎么不说清楚啊？我以为……"

这样一幕是不是有点熟悉呢？在沟通中，经常出现因表达不清、理解不同造成的误会，最后不仅耽误了事情，还让双方心里不痛快。

为什么会造成这种现象呢？很简单，说话的一方没有考虑听话的一方是否能理解自己，他以为简单说个大概，对方就明白了自己的意思。当然，听话一方也有责任，因为当他没有理解时，他可以详细询问，要求对方说清楚。不过，很多时候听话一方自认为自己理解了，所以他认为没有详细询问的必要。

回到上面的例子中，如果领导在布置工作时，把自己的要求跟小王讲清楚，第一要做到什么，第二要做到什么，第三要做到什么，让小王清楚要把工作做成什么样子，相信后面也就不会发生那样的事情了。所以，说话的时候一定要考虑听众是否理解，在简洁表达的前提下，把问题讲得具体点、清楚点，是非常有必要的。

在日常生活和工作中，很多无效、低效的沟通都源于说得不具体，许多让人误解的沟通都是因为只讲了个大概，不讲具体的要点。事实上，简洁表达与具体表达一点都不矛盾，很多事情也许只需多讲几个字，对方就会非常清楚。反之，对方就可能糊里糊涂。

那么，我们怎样具体表达，才能保证意思清楚明白，让对方容易理解呢？

（1）**带着同理心去说话**

与人沟通时，只说个大概，造成沟通不畅，往往与我们缺乏同理心有关。所谓同理心，就是站在对方的角度去思考，去揣摩一下对方的心理："这样讲能听得懂吗？""这样讲能明白我的意思吗？"如果每次讲话的时候，都问自己这样的问题，再奔着让对方听懂这个目的出发去做简单表达，那么高效沟通就会变得非常简单。

有一次，朋友约我喝茶。喝茶的地方我没去过，但是当他把那个地方给我描述一遍后，我心里马上有底了。因为他描述得很清楚简洁："在××地××大厦斜对面的××店"。为了让我顺利找到他，他还拍了一张那个店的门面照发给我。结果，我很顺利就找到了那个地方。

在这个例子中，朋友在给我说见面地点时，就有强烈的同理心。不仅描述得很具体，还拍了照片供我参考，这就是充分为我考虑的表现。如果朋友只笼统地说"在××地××大厦斜对面"，我能找到那个地方吗？

具体、清楚的表达就像行车导航和 GPS 定位，能把你指向最精准的地方，理解最确切的意思。而大概性的表达就像画范围，让你只知其表，不明深意。因此，如果你不想别人误解你，不想沟通出现障碍，那就应该带着同理心去说话。

（2）**带着角色意识去沟通**

人在社会体系中各自扮演着多种不同的角色，比如，一位女性在单位是员工，在家里是母亲、妻子和儿媳妇，在朋友面前是好闺密，在商家眼中是客户。在与她沟通的时候，如果能够考虑她的角色意识，沟通会顺利得多，尤其是当你想说服她时。

比如，专家跟农民聊“粮食增收”问题时，就要充分考虑农民的角色，与之沟通时，就要多用通俗、平实的语言，把提高粮食产量的具体方法讲得具体点。千万不要满口专业术语，让人不明所以然。老师给学生上课时，就要考虑学生的角色，一定要用学生听得懂的话去讲课，用学生已经学过的知识去延伸讲解新知识。

再比如，某公司业务员想说服一位女士购买一款智能学习机，说对提高孩子学习成绩很有帮助，讲了学习机的种种好处，但女士总是不为所动。后来，她转变了思路，对女士说：“作为母亲，都希望给孩子提供最好的学习条件，而不希望自己的孩子羡慕别的孩子，您说是不是呢?”这么一说，女士很快就买了学习机。

找准突破口，为简单表达扫清障碍

在戴尔·卡耐基的著作《人性的弱点》这本书中，有这样一段话：“每年夏天，我都会到梅恩去钓鱼。就我自己而言，杨梅和牛奶是我的最爱。可真搞不懂为什么，我发现鱼最爱吃的只是小虫而已。所以每次钓鱼，我想的都不是我想要什么，而是琢磨它们要什么。杨梅和牛奶自然就派不上用场了，一条小虫或是一只蚱蜢则成了最好的诱饵，我把它们挂到钓钩上，对鱼儿说：都来吃点，怎么样？”

想要钓到鱼，就得准备鱼爱吃的饵料；想要听众把注意力集中到你的讲话上，你就得讲点让听众感兴趣的话题。因为当听众对你的话感兴趣时，沟通才能在你们之间顺利进行。否则你说话时，对方就会心不在焉，也不对你的话做出回应，这怎么叫沟通呢？这样又怎么能通过交谈达成一致呢？这一点对于和陌生人沟通尤为重要。

陌生人之间，由于双方互相不熟悉，往往会带着一定的防备心理去交谈，这是人性的本能。在防卫心理之下，交谈的开放性和自由度会受到影响，尤其在涉及个人信息、个人隐私方面的话题时，更是难以展开。要想改变这种状况，最好的办法是以对方的兴趣作为突破口，迅速拉近彼此的距离，消除彼此的陌生感，推进沟通的顺利展开。

比如，你与某人初次见面，见对方在看《体坛周报》的欧洲杯新闻，你可以试着这样开场：“昨天的欧洲冠军联赛1/8决赛你看了吗？意甲豪门尤文图斯坐镇主场3∶0力克马德里竞技，从而以总比分3∶2逆转晋级下一轮。C

罗在本场比赛中上演帽子戏法……”这样对方就很可能就会和你聊起来。

在交谈中，把对方感兴趣的内容作为突破口，为正式谈话做铺垫，可以快速消除彼此间的陌生感，拉近双方的心理距离。那么，怎样知道对方的兴趣，又怎样以此为突破口展开铺垫呢？

（1）**主动出击，了解别人的兴趣**

著名的演讲家罗索·康威尔曾针对《如何寻找自己》这个题目，反复发表过近6000次讲话。很多人认为，重复那么多次的讲话，肯定不会有什么新意。但事实并不是这样，康威尔知道，每一场演讲听众的层次与背景都不尽相同，他要做的就是让听众觉得演讲是为他们量身定做的，因此，他在演讲之前会做足准备。

怎样准备呢？他在自传中这样写道：“当我受邀去某个城市或某个小镇访问时，我总会想办法提前到达，去拜访那里的邮政局长、旅馆经理、学校校长、牧师等人，找时间同当地人交流，了解当地的历史文化背景和那里的人们拥有的发展机遇。之后我会根据这些题材，发表适用于他们的演说。”

可见，要想了解别人的兴趣，没有别的窍门，唯有主动出击，侧面打听了解。这样你才能在沟通中，用对方习惯性的表达方式去说话，说出对方感兴趣的内容，从而快速消除彼此间的陌生感。这一点对于经常拜访陌生客户的销售人士而言特别适用。

（2）**留心观察，推测别人的职业**

对于初次交往的对象，你可能无从了解他们感兴趣的话题。在这种情况下，你最好在交往中多留心，敏锐地洞察对方的兴趣爱好或职业信息，然后以此为突破口进行沟通。

在地铁站等地铁时，阿涛看见一个漂亮的姑娘，顿时对其一见倾心，于是想与她搭讪。阿涛走近一些，细致地观察对方，发现她无意地弹动着手指，阿涛的直觉判断，对方很可能是学音乐的，于是就开口了。

阿涛：“朋友，可以请教你一个问题吗？”

女孩：“什么问题？”（虽然有些惊讶，但还是礼貌地点了点头。）

阿涛："刚才见你手指弹动着，你是不是学过钢琴？"

女孩："你真是好眼力，我是一位钢琴老师。"

阿涛："真是幸会，我也是一名钢琴从业人员，我在一家乐队担任钢琴手。"

就这样，两人很快就聊了起来，后来他们成了好朋友。

初次见面，如果你足够用心，是可以从对方身上察觉出相关职业信息的。每个人对自己所从事的职业都有一定的了解，从事该职业的人，在行为举止上具备哪些特点，要略知一二。因此，你可以从对方的着装、气质、举止、随身物品等方面去判断对方所在的行业、所从事的职业。

另外，在沟通过程中，也要注意观察对方的表情，察觉对方喜欢谈论哪方面的话题，并顺应对方的喜好，主动谈论相关的话题。在谈论自己感兴趣的话题时，人的面部表情会显得兴奋，多留心观察，你就会发现对方对什么感兴趣了。

还可以观察对方的穿着打扮、周围环境，从中察觉对方的兴趣。比如，拜访客户时，见客户办公室的书架上有多本戏曲方面的书籍，那你可以大胆地与对方聊戏曲，这样就很容易拉近与对方的距离，为你的拜访打下成功的基础。

（3）**暖心宽慰，消除别人的烦恼**

很多时候，别人正在为某事发愁，如果你能对这件事提出实用性的建议，那也能引起别人的兴趣。并且由于你帮了对方，对方更容易投之以桃，报之以李，在其他方面支持、配合你。这种现象在销售方面就很常见。

嘉明去一家建材店推销产品，见老板的孩子在一旁写作业，就问了句："孩子上几年级了？"

老板说："上四年级了，调皮捣蛋，不好好写作业，我就让他在我眼皮底下做作业了。"

嘉明笑着说："这个年纪的孩子，哪个不贪玩的，我一位朋友的孩子也上四年级，整天就知道玩电脑、玩手机，我朋友操碎了心。后来，我给他支了一招，孩子在写作业时就再也不三心二意了……”

就这样，嘉明与老板聊了一些关于孩子的话题，双方的距离感消除了，为随后的推销产品打下了很好的感情基础。

（4）**做有心人，记住别人的兴趣**

对于那些你有过几面之缘的人，你在与他们打交道的过程中，应该做个有心人，对于他们随口说出的个人兴趣爱好，要记在心里。这样下一次你和他们交谈时，你可以针对他们的兴趣提问，从而为正式谈话做个有效的铺垫。例如：

“最近春暖花开，你钓鱼了吗？”

对方可能一愣：“昨天就去钓鱼了，不过你怎么知道我喜欢钓鱼？”

“上次听你随口说的啊，就记住了！你昨天钓了多少鱼呢？”

“哈哈，原来是这样。昨天渔获颇丰啊……”

通过一个针对性的提问，一下子就让你们之间的谈话氛围变得轻松起来。后面你们再谈论正事，也就轻松许多了。

违背个人原则的问题要明确说“不”

菲儿长得漂亮，性格也活泼，和公司同事打成一片。但有一位男同事却让她很讨厌，因为他经常跟她讲些荤段子，有时候还对她动手动脚。比如，有事需要叫她时就拍一下她的肩或背，让她感到很不舒服。

有一次公司举行庆功宴，大家吃完饭去 KTV，场面很热闹。在包厢里，那位男同事张开双手，对菲儿说：“今天太开心了，真希望每天都有这样的庆祝活动。来吧，为了我们取得的成绩，拥抱一下！”

菲儿实在不愿意，觉得庆祝就庆祝，没必要搂搂抱抱，所以，就表现得很不乐意，但又不知道怎么拒绝。这时对方理直气壮地说：“哎呀，你又不是 18 岁的小姑娘，怎么扭扭捏捏的？”

他这么一说，菲儿反倒觉得不好意思，结果不情不愿地让对方拥抱。

后来菲儿发现，这个男同事对哪个女同事都嬉皮笑脸，唯独对同事小薇表现得很正经。菲儿带着疑问，向小薇打探实情。

原来，那位男同事以前也跟小薇讲过荤段子，但第一次就碰了壁。小薇严肃又直接地说：“我是个已经结婚的人，且生性保守，这荤段子请不要讲给我听，我没兴趣。”

看到小薇凛然正气，男同事再也不敢造次。

小薇建议菲儿：“下次碰到类似的情况一定要明确地拒绝，千万不能含含糊糊，不然他还以为你对他有意思，会变得更加大胆放肆。”

菲儿却说：“这样会不会得罪人？会不会让他没面子？”

小薇说："违背个人原则的问题，如果你不把话说清楚，最后没面子的是你。"

为此，小薇给菲儿讲了一个故事：

有位姑娘说，她有个客户经常对她动手动脚，她怕和客户关系搞僵，也不敢断然拒绝。

后来有一次喝多了，终于酿成了错误。第二天醒来，她愤怒地指责那位客户。

对方却一脸鄙视地看着她："你装什么？我跟你开玩笑你还乐呵呵地接茬，我每次约你，你都高兴地出来，还跟我喝酒，你这不是在跟我玩暧昧吗？如果你真那么自爱，你早就应该把话说清楚啊！"姑娘肠子都悔青了……

听了这个故事，菲儿猛然惊醒，意识到该说"不"的时候不能含糊，要让对方清楚自己的态度。不然的话，后果可能很严重。

那么，哪些事情可能触犯个人原则，是我们应该明确说"不"的呢？如图6-2所示。

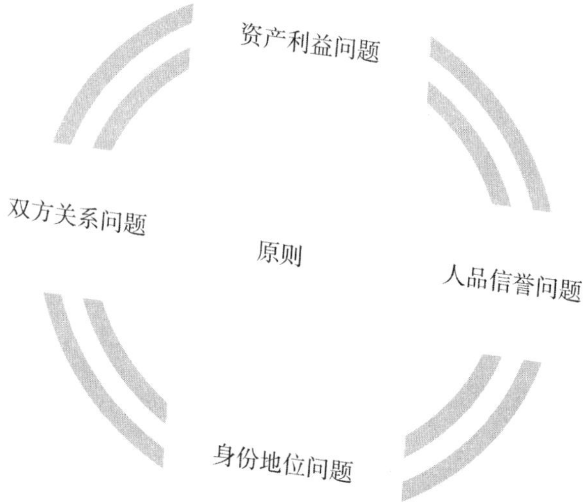

图6-2　容易触犯个人原则的四方面问题

（1）**资产利益问题**

C女士勤奋上进，事业有成，近几年企业规模越办越大，去年又买了两处房产。年底回娘家，碰到一位长辈亲戚，她跟 C 女士回忆说：“记得小时候你才这么一截高呢！转眼都成女企业家了。”

C 女士笑了笑，表示现在的成就都是一点一滴积累起来的。

亲戚半真半假地说：“我知道你办企业不容易，但我希望你生意越做越大，到时候也好让我占点股份啊！”

C 女士直接回应道：“这是不可能的。”她心里想，你一没和我一起创业，二没和我共担资金风险，三没投资入股，凭什么给你股份呢！

亲戚继续笑着说：“我们可是亲戚啊，你有出息了，当然也要拉亲戚一把啊！”

C 女士有点无奈，但还是很直接地说：“这完全是两码事，混在一起可不好。”

亲戚给自己找台阶：“我就是开个玩笑而已，瞧把你急的，怎么一点玩笑都开不起？”

C 女士说：“在这么重要的事情上我开不起玩笑。”

事后 C 女士跟妈妈讲到这件事，妈妈埋怨她说话太直，不知道给别人一点面子。C 女士的先生听后说：“要股份？这是不是有点不合常理！不过也就你敢这么直接回应她，换作我还不好意思这么回绝。”

C 女士眼珠子一转，笑着说：“除了死党互相打趣，涉及资产利益的玩笑，我从来不觉得是玩笑。有些人不过是借着玩笑把不好意思说的话说出来，试探我的底线罢了。对于这种玩笑，我拒绝得越直截了当，越干脆利落，越是有威力，相信以后他们再也不敢打这方面的主意了。”

所以，涉及资产利益的话，哪怕对方是以开玩笑的方式说出来，也要当即拒绝。如果你含含糊糊，对方就会觉得这件事有戏。一旦觉得有了希望，就会不断地打你主意。倒不如一开始就直接亮出底线，斩断别人的念想。否则几个回合下来，对方会把你弄得焦虑不堪，等那时你再拒绝，对方反而更容易记恨你。

（2）**人品信誉问题**

人活在世，都有找人借钱的经历，也有别人向自己借钱的经历。借与不借，抛开个人经济实力的问题，还有一个人品信誉问题。如果找你借钱的人人品不好，不讲信誉，或者你对对方不了解，你会借钱给他吗？

从理性的角度来说，答案是不言自明的。可很多时候，明知对方信誉不好，或明明和对方关系一般，不怎么了解对方，但苦于对方的求助，顿时心生怜悯和同情，不好意思明确表态，最后不情不愿地借钱了。事后别人迟迟不还钱，你去催款，对方反而说："看你当时借钱一点都不爽快，现在要账倒是挺爽快的！"你说是不是特别恼火？

著名媒体评论人梁宏达（老梁）曾在节目中透露，遇到别人找自己借钱时，如果他信不过对方，他会明明白白地说："不借，因为我信不过你！"这就是老梁的做人原则，即不和自己信不过的人发生债务关系。这一点值得我们学习。

（3）**身份地位问题**

赵姐是某酒店的领班，在酒店工作多年，她几乎没接受过大家的零食。这并不是因为她为人高傲，实际上她非常平易近人，和大家的关系也很好。有一次，一位同事问赵姐："同事们都这么热情地分享零食，你是怎么做到不接受别人零食的？"

赵姐说："其实也没有不接受，只是我不想吃零食。不想吃的重要原因是，我作为酒店的领班，身份有点特殊。如果我接受的话，是不是感觉就像受贿一样？以后大家都给我买零食，那我还怎么安排工作呢？"

想想也是，有些看似平常的问题，在身份地位特殊的人群身上，就可能涉及个人原则问题。比如，企事业单位领导、学校老师等，如果无原则地接受下属、家长的"礼物"，久而久之，就会滋生不良的风气。所以，对于处在特殊位置上的人来说，有必要像赵姐那样坚守个人原则。

（4）**双方关系问题**

有位同事刚来公司不久，他平时遇到什么问题，小宇都会倾囊相告。半个月后，新同事和小宇稍微熟络起来。但小宇认为，他们之间的关系还没好到无话不谈的地步。有一天，小宇出去办点事，回来后发现抽屉里的笔记本不见了，一问才知道，原来是那位新同事拿的。

小宇当时挺反感的，因为他不喜欢别人未经他的同意拿他的东西，更何况他们的关系还没有好到不用问就拿的程度。当时他很想提醒对方，叫他以后不要擅自拿他的东西。但考虑到他是新同事，怕说出来尴尬，就没好意思说。结果，有了第一次就有第二次，新同事再次未经小宇的允许，拿他抽屉里的东西。

同样的事情，发生在好友之间可能不值一提，大家也不会往心里去，但是发生在关系一般的两人之间，就可能引起不愉快。因此，当别人和你的关系没有达到一定程度时，对于他的出格行为，该拒绝就要明确拒绝，切勿不好意思，含含糊糊。

不要小瞧停顿里的门道

在我们身边，有些人的语速很快，就像机关枪扫射一般，恨不得一口气把话说完。可受限于人的气息转换（说话必须换气），造成在不该停顿的地方停了下来，在该停顿的地方却没有停顿。还有一种人受限于表达能力，不知道在什么地方停顿最利于对方理解自己的意思。这两种情况都会导致表达不清、意思不明，引起别人的误解，甚至闹出笑话。

某单位进行了一次大规模的工资调整后，在随后的一次工作总结大会上，一位领导做报告时说："通过这次工资调整，极大地调动了全体职工的积极性，加了工资的和尚，未加工资的职工，都纷纷表示……"

此话一出，全场哗然，大家窃窃私语道：

"怎么还有和尚？我们单位啥时候成了少林寺？"

"怪不得我们没涨工资，原来涨工资的指标给了庙里啊！"

在这个例子中，那位领导由于不懂得停顿，在不该停顿的地方停顿，结果闹出了笑话。正确的表达应该是："加了工资的和尚未加工资的职工，都纷纷表示……"这样语意就完整、连贯了。可见，辞藻再华丽、语言再优美，如果连基本的换气与停顿都掌握不好，是不可能有精彩表达的。

美国作家马克·吐温说过："恰当的停顿比任何语言都有效。"恰当的停顿就是在该快的时候快，在该慢的时候慢，在该停的时候停，这样语速有缓急，表达有跌宕起伏，从而达到重点突出、语意清晰的效果。下面，我们结合停顿的几个具体作用，看看如何在表达中运用停顿，从而实现精准表达。

（1）**把话说清楚**

通过停顿，清楚地表情达意，是停顿最重要的作用。同样一句话，在不同的地方停顿，意思是大不相同的。

古代，一个富翁死了，留下一封没有标点的遗书："七十老翁产一子人曰非是也家业尽赋予女婿外人不得干预。"结果，儿子和女婿都想得到这笔家产，于是产生了纠纷。因为这句话在不同的地方停顿，有两种不同的意思。

第一种停顿法："七十老翁产一子，人曰非，是也！家业尽赋予，女婿外人，不得干预。"这种停顿所产生的含义对儿子有利。

第二种停顿法："七十老翁产一子，人曰非是也！家业尽赋予女婿，外人不得干预。"这种停顿所产生的含义对女婿有利。

这个故事告诉我们，停顿在正确表达话语含义时发挥着重要的作用。

对策：

要想运用停顿正确地表达自己的想法，就要清楚自己要说什么，并演练几次；还可以录下来，然后听自己的录音，看自己在该停顿的时候，是否恰当地停顿了，再针对性地进行改正。

（2）**强调重点**

恰当的停顿有时候是为了更好地强调重点，以便于对方更好地理解我们的意思。

经理让小陈写一份报告，交代完工作的具体要求后，他对小陈说："小陈，请你明天中午之前交给我！"说到"中午之前"时，他稍作停顿，而且语气加重了。这就是表达强调的作用，意思是：把握好写报告的时间，千万别耽误了。

对策：

要想停顿起到强调重点的作用，在停顿的时候，要注意语气、语调和音量的变化。说到重点时的停顿，经常伴随着语气拖长、语调加重、音量提高。这样就突出了重点，别人也就明白你的意思了。

（3）**引发思考**

沟通是双向的，只有双方互动起来，才是真正的沟通。怎样才能让对方和我们互动起来呢？有时候通过恰当的提问和较长时间的停顿，就可以达到这个目的。

在一个心理学知识讲座上，主讲老师谈到男人和女人心理差别时，向台下的听众提出了一个问题："我们想象一下男人和女人在进家门前摸钥匙的情形有什么不同?"然后主讲老师就做了较长时间的停顿，让听众们思考。

对策：

怎样运用停顿引发对方思考并参与到谈话中来呢？一般来说，要想达到这种目的，你需要准备一个好问题。在提出问题之后，给对方一个会意的眼神，示意对方发表意见。然后，你要做的就是耐心一点，做一个稍长的停顿。具体停顿多长，视情况而定。如果对方实在回答不出来，你可以及时说出答案，以免沟通冷场。

（4）**制造趣味**

停顿不仅有利于防止急躁表达而出错，还能有效地吸引听众的注意力，大大提高表达的趣味性，这一点在英国首相丘吉尔的身上就有很好的例证。

丘吉尔在一次演讲中说："我们现在的生活水平比历史上任何时期都高，我们现在吃得很多。"讲到这里，他故意停了下来，从容地看了看听众，然后，再盯着自己的大肚子，并用手指着说："这就是最有力的实证。"

在这段讲话中，丘吉尔恰当地运用停顿，很好地吸引了听众的注意力，然后又用"盯着自己的大肚子""用手指着"这两个肢体动作来举例，产生了很好的趣味性，有效地活跃了现场的氛围。

对策：

要想通过停顿制造趣味，活跃沟通氛围，在运用停顿时，就需要学学相声演员制造"包袱"。即先制造一个悬念，设置一个疑问，然后用身边的例子去佐证。

所谓的"悬念"，可以是一个惊人的论断，也可以是一个大胆的提问，还可以是揭示一种奇怪的现象。而身边的例子，可以是自己的例子，也可以是在场其他人的例子。如果是自己的例子，可以用自嘲的方式讲出来，如此趣味性更佳。如果是其他人的例子，则应带着善意，注意言语的分寸，以免无意中伤害了别人。

总之，停顿在表达中不只是为了换气，更是为了正确地表达思想、说明问题、强调重点、制造趣味，更好地提升沟通效率。所以，千万不要小瞧停顿里的门道，不要忽视停顿的艺术。

第 7 章

生动：让人能够“看到”你说的话

简单表达即简化表达，以便对方更好地理解我们，从而提升沟通效率，节省时间。如果在简单表达的基础上，能够保证语言、语意的生动性，让人不仅能够理解你说的话，还能由你的话联想到一个活灵活现的画面，从而对你说的话产生深刻的印象，那么这无疑是简单表达的更高水准，也是简单表达的更高境界。

“看得到”的表达最能打动人

有一次，一位同学跟我讲到了他的一次尴尬经历，并对自己的表达能力感到不满。事情的大概情况是这样的：

老板让我这位同学设计一个活动方案，两天后，他把方案交给老板。老板看到他写了密密麻麻的几页纸的方案设计，就对他说：“你的方案我等会儿抽空慢慢看，你先给我简单讲讲你的方案，让我大致有个了解！”

我这位同学滔滔不绝地讲了起来，老板听了大概一分钟，就听不下去了，打断道：“你讲了这么多，我根本不知道你的方案是什么。你能说重点吗？你能说明白点吗？让我看到你的方案可以吗？”

“看到我的方案？我的方案不是给你了吗？”我这位同学感到很奇怪。

“我的意思是，你要把方案讲得活灵活现，就好像我眼睛看到一个东西一样。”老板解释道。

我这位同学心想：我都讲不到重点，又怎么能讲得活灵活现，还让你看到呢？结果不出所料，他没能做到让老板“看到他所讲的方案”。

最后，老板提醒他：“你的表达能力有待加强啊，和你沟通太费劲了，如果我是你的客户，早就没耐心了。”

这番话让他意识到自己在表达方面存在的不足，所以他找到了我，希望我能给他一点实用的建议。

或许很多人都有我这位同学类似的表达问题，没办法在短时间内，用简单的话语说出一件事的重点，更没办法用简单的话把一个方案讲得活灵活现。

其实，这是表达缺乏生动性的表现。

很多人以为，写文章要讲究语言的生动性，说话只需通俗易懂即可。其实不然，说话既要通俗易懂，也要生动形象。这样才能增强我们表达的感染力，提升我们的口才魅力。看看那些表达高手，他们一开口就能讲到点子上，一开口就自带磁场，听众会莫名其妙地被他吸引，喜欢听他讲话。仔细观察他们的表达风格，不外乎这样几个特点（如图7-1所示）。下面，我们就来解读这些特点，并思考怎样让自己的表达具备这些特点。

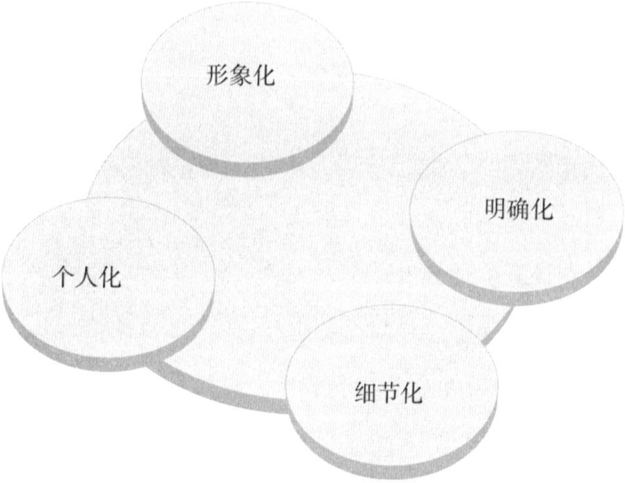

图7-1 “看得到”的表达的四个特点

（1）**形象化**

如果你问他们“这件衣服怎么样”，他们往往不会说“很漂亮”，而是说：“这件衣服能凸显你的身材美，而且让你看起来很有精神。”你看，这种说话方式就更吸引人，我们也就更乐于和他们交谈。这就是表达形象化的体现。

建议：采用“描述性语言+比喻”，营造画面感

描述性语言指的是详细描写事物状态的语言，其特点在于对事物的细节进行详尽而全面的描述。描述性语言就像画笔，可以画出一幅图，营造画面感，让人看到栩栩如生的形象。例如，《“天敌”也有相爱的方式》这篇文章中写道：“……老爸神情尴尬，老妈也敢怒不敢言，听任奶奶坐下来数落。老妈抿着嘴强忍着委屈，不敢开口辩解……”这句话用的就是描述性语言，我们看后可以想象到那种画面。

除了描述性语言，各种修辞手法也是提升话语形象性的有效工具。修辞手法可以使语言表达更准确、更鲜明、更生动有力。其中包括比喻、拟人、夸张、排比等多种修辞。特别是比喻修辞，是形象化表达常用的工具，它能使事物生动具体，给人留下鲜明深刻的印象。

（2）**明确化**

领导对你说：“我们公司的这次优化，用户体验不太好啊。”你听了这句话，很可能是一脸疑惑的状态。如果领导这样说：“我们公司的这次优化，用户必须操作多次才能进入关键页面，这样很可能造成用户的流失。”听了这话，你就能明白这次优化到底哪里“不太好”，而且还能明白在什么地方做改进。这就是表达明确化的体现。

建议：少用专业词汇，多用群众语言

群众语言就是普通大众的语言，这种语言更能让听众感到亲切，同时也能增强表达的真实性。因此，要想让你的表达更明确，就应该多用群众语言，少用专业词汇。如此，你的表达才更容易被人理解。

（3）**细节化**

细节意味着具体，意味着更真实。具体、真实的东西，意味着看得见、想象得到。所以，适当的细节化表达能够增强话语的生动性。例如：

“你在干吗？”

“吃饭！”

这样回答问题，确实做到了极简，但如果一味地简单，却不够生动，也不是我们追求的简单表达。因为过于简单的表达有可能引起别人的误解，别人可能会觉得你不愿意跟他聊，觉得你没有诚意。这样对方就不想跟你聊了。如果换一种方式表达：“我在朋友家吃饭，6 个人吃 8 个菜，喝着啤酒，吹着牛。”这样表达就比较丰富了，很吸引人。

建议：说具体点，避免抽象

人类有一种天性，那就是更喜欢具体的事物，而抽象的事物则让人疑惑。例如，人们不喜欢读高深的理论著作，而喜欢看电影、电视剧。因为电影、电视剧里全是具体的人物、情节，非常生动。所以，如果你不是为了假装自己很专业，那就尽量说具体点，避免抽象。具体做法是，说出具体的时间、人物、地点、事件的结果（事件的起因、经过可以省或放在后面慢慢说）等关键要素。

（4）**个人化**

很多道理放之四海皆准，但说出来等于没说，因为都是大道理，没什么说服力，很难打动人。比如，“跑步可以减肥”，当你说出这句话时，是不会产生很大共鸣的，因为很多人通过跑步并没有成功减肥。

但是，如果你换一种表达方式：“我坚持跑了 3 个月的步，每天跑 3 公里，体重减了 10 斤。身体的线条感显现出来了，大家都说我看着像瘦了 20 斤。”这样表达往往更有说服力，别人听了你这样说，脑海里会马上浮现出一个肌肉线条感十足的形象。

用个人的真实经历去表达一种见解，往往更能引发别人想象，从而更有代入感，更能引起共鸣，最终增加你表达的说服力。

建议：用个人经历，论证某个观点

个人经历、个人故事和感受，更容易让人产生共鸣，通常情况下更具有信服力。因此，在表达的时候，特别是在论证某个观点时，最好以自己的亲身经历和个人感受作为论据，这样更能打动对方。

用“五觉”让你的表达有画面感

很多人在讲一件事或表达一个观点时，经常陷入“自己独嗨，别人却无法感同身受”的局面。之所以会出现这种情况，与他们的表达缺乏画面感，无法调动起听众的情绪有很大关系。怎样才能让表达充满画面感呢？我推荐一个表达技巧——“五觉”表达法。

所谓“五觉”，指的是眼睛、耳朵、鼻子、舌头、肢体这五个器官对外界的感知，即视觉、听觉、嗅觉、味觉、触觉（如图7-2所示）。由于“五觉”是我们对外界最直接的感受，因此，当我们用“五觉”表达法描述事物或表达观点时，就很容易让人感同身受。

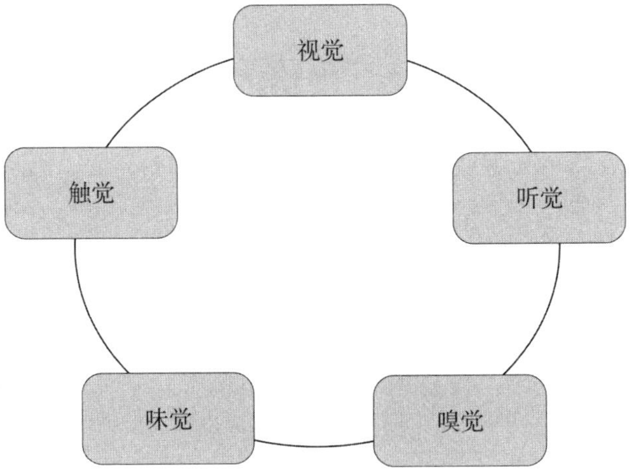

图7-2 “五觉”的组成部分

在《法国大厨》这档节目中，主持人茱莉亚·蔡尔德形容美食时从来不用“好吃”这个词，而是用较为具体的描述。比如，“切开烤得金黄的鸡，肉汁会从切口溢出来，厨房里立刻会充满诱人的香味。能吃上一口这样的烤鸡，将是你人生最大的乐趣之一”。听到这样的描述，很多人的脑海里就会自然浮现出一幅切烤鸡的画面。

细细体会一下，你会发现茱莉亚的表达中就用到了“五觉”。如果你掌握了这个表达技巧，那么你说出的话就会有画面感，充分调动听者的兴趣。下面，我们就来了解“五觉”表达法常用的词语以及具体怎样运用“五觉”法表达。

（1）视觉——眼睛看到的东西

在描写视觉时，可以从大小、长短、形状、类别、新旧、颜色等方面入手。比如，“我看见一朵月季花，有一个碗口那么大，红色的花瓣和花蕊，花瓣很厚实，向外努力张开着，看起来饱满精致”。

（2）听觉——耳朵听到的声音

描写听觉很考验我们对声音的描述，要求我们做到恰当地描述各种声音。比如，形容敲门声用“砰砰砰”，形容走路声用“嗒嗒”，形容东西投入水声用“叮咚”，形容大笑声用“哈哈哈”，形容惊讶声用“哎呀我的天”。例如，“我听见两个人在激烈地争吵，一个人冲着另一个人吼道：‘你最好给我老实点！’”“我听见妻子在女儿睡觉时，轻声地对女儿说了句：‘我爱你！’”。

（3）嗅觉——鼻子闻到的气味

鼻子闻到的气味有香味、臭味等。比如，饭菜香、花香、香水味等，还有馊味、烧焦味、汗臭味等。在描写嗅觉时，要求做到用常见的气味性词语来表达。比如，大家都知道饭菜馊了的气味，那么如果你描述到类似的气味时，就可以用“饭菜的馊味”来表达。这样就比较容易让大家感同身受。

（4）味觉——舌头尝到的味道

舌头尝到的味道不外乎酸、甜、苦、辣、咸、鲜、麻、涩等。在描写具体的味道时，可以用个人的主观感受，比如，闻到了腥味时，可以说：“我尝了一口牛肉，鲜嫩无比，伴随着一股浓烈的麻辣味，直接美到心里。”“嘴里嚼着，甜甜的滋味在舌尖游荡，一会儿就游进了心里，甜得沁人心脾!”

（5）**触觉——肢体触碰的感觉**

肢体触碰的感觉，常用的有冷、热、粘、烫、疼、酸、麻等。比如，有人通过说“我想喝水”来说明热，可“想喝水”是一个想法，并不是触觉。如果说：“我的嘴巴已经干得冒烟了，上嘴唇碰到下嘴唇，就像两块干树叶碰在一起，一点感觉都没有，快给我一杯水!”这样表达效果就大不一样。

在描写“五觉”时，还要注意以下几点：

（1）**多用描述性语言，少用评论性语言**

所谓评论性语言，指的就是评价，即我们带着自己的主观好恶和观点得出来的结论。比如，“我看见一个女孩，很美，很美!”“美”就是评论性语言。再比如“好”“棒”“精彩”“帅气”等。

所谓描述性语言，指的就是看见什么说什么，即描述事实。比如，“我看见一个女孩，穿着粉红色的运动装，修长的双腿，迈着轻盈的步伐，马尾辫长达 1 米，在身后甩来甩去，脸上露出淡淡的微笑……”

（2）**多用量词，少用形容词**

比如，“他很高”中的“高”就是形容词，“他有 1.8 米”中的“米”就是量词。

（3）**多用具体名词，少用抽象名词**

比如，鸡蛋、笔记本、汽车、水杯、台灯等，就是具体的名词，是生活中眼睛能看得见的东西；梦想、未来、希望、信念等，就是抽象的名词，是很难制造出画面感的名词。

（4）**多用分类名词，少用笼统名词**

“鸟”是笼统名词，“动物”是笼统名词，“鱼”也是笼统名词。因为鸟有很多种类，动物也是各种各样的，鱼也有很多不同的分类。而燕子、乌鸦、麻雀等，就是较为具体的名词。比如，“我看见一只鸟在天空翱翔”，这个表达就不够具体，而“我看见一只雄鹰在天空翱翔”，这个表达就比较具体。

最后，我们以“过年回家吃年夜饭”为例，综合性地看看使用“五觉”

表达法后所达到的效果。

听觉——我听见妈妈用那熟悉的大嗓门喊道：“水煮鱼来啦!”

视觉——只见妈妈端上一大盆水煮鱼，金黄色的油汤里飘着小尖椒和花椒粒，白花花的鱼肉特别显眼。

嗅觉——我闻到了一股鲜香的麻辣味儿，忍不住深呼吸，想多吸几口这个味儿。

味觉——我拿起筷子，夹了一块鱼肉放入嘴里，鱼肉滑嫩无比、入口即化，伴随着浓烈的麻辣味儿，简直辣到了心窝里。

触觉——我赶紧拿起一杯冰雪碧，大喝了一口，那叫一个透心凉。

体会一下，以上的情景描写是不是很有画面感?

为什么表达高手都喜欢讲故事

谁喜欢听空洞无聊的大道理？恐怕没人喜欢。

谁喜欢听有趣的故事？大多数人应该都喜欢。

为什么大家喜欢听故事，而不喜欢听道理？因为道理充满说教的味道，内容空乏无力又枯燥无味。美国知名脱口秀节目女主持人欧普拉曾经说过："故事，就是用语言画一幅画，然后你把这幅画，送到听众的心头上，让他看到的也是一幅同样的画面。"

在与人沟通时，为了更好地说明问题、表达观点、劝服他人，我们可以讲一些与主题吻合的故事，并将自己的观点、态度融合在里面。这样听众在听故事的同时，就很容易接受我们的观点。从这个意义上来说，一个好故事可以简化沟通过程，提升沟通效果。也许正是因为如此，很多表达高手才会乐此不疲地讲故事。

南北战争爆发时，各报社向林肯提出了各种莫名其妙的建议。一天，一位纽约记者向林肯提出了自己的作战方案。林肯耐着性子听完，对他说：

"听了你的建议，我不禁想起了一个小故事。几年前，有人在堪萨斯骑马旅行，因为人烟稀少，无路可行，他迷失了方向，更糟糕的是随着夜幕降临，下起了可怕的雷暴雨。隆隆雷声，震撼大地；道道闪电，瞬息之间照亮地面。这个失魂落魄的人，最后下了马，借着时有时无的闪电亮光，开始步履艰难地牵马行走。突然，一声惊人的霹雳骇得他双膝跪地，他呼喊道：'上帝，既然你什么都能做到，就多赐给我们一点亮光，少来点刺耳的声音吧！'"

听完林肯的话，那位记者马上明白了林肯的意思，默默地离开了。

林肯通过讲故事的方式，形象地说明了自己和国家所处的状态，同时暗示记者的建议是“刺耳的声音”。这样避免了直接驳斥对方，让对方陷入难堪。而且林肯所讲的故事画面感十足，能使人自然地展开想象，从而提升了表达的生动性。这就是故事的妙用。

那么，我们在讲故事时要注意什么呢？以下几点值得牢记，如图 7－3 所示。

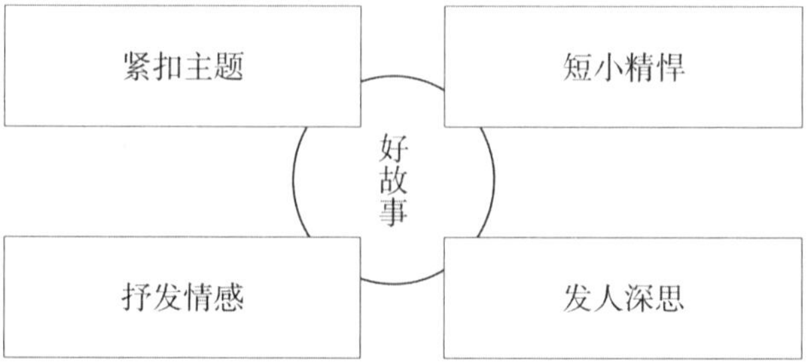

图 7－3　好故事的四个特点

（1）**故事要紧扣主题**

讲故事是有目的的，即表达主题，表达个人观点、意见和态度。因此，故事要围绕沟通主题展开，要能够体现个人观点。否则，故事再好也只是一个故事，并不能说明什么问题。这样的故事不但没有意义，反而徒增“废话”，让表达变得啰唆。

“一位 80 岁的法国老太太膝下无儿女，只有一套房产，且地理位置很不错。有个律师想得到她的房产，就许诺每月给她 2500 法郎的生活费，直到她去世。去世之后，她的房子就由律师继承。老太太同意了。不料老太太 110 岁时，律师去世了。在这 30 年，律师共支付给老太太 90 万法郎，这笔钱足够买 3 套房子。很多人把律师当作笑话来讲，说他贪小便宜吃大亏，但我认为这位律师的行为令人敬佩，因为他信守承诺 30 年，这种诚信比金钱更可贵。”

在这段话中，表达者借用一个故事，说明了“诚信比金钱更可贵”这个主题，故事贴切，紧扣主题，很好地论证了自己的观点，很能引起听众的共鸣。

（2）**故事要短小精悍**

故事的存在并不是为了故事本身，而是为了表达某个主题，说明某个问题，或表达个人的观点、意见和见解。因此，故事不宜太长，故事情节不宜太复杂。否则，人家理解故事都挺费劲的，表达效果就会大减。

在一次关于企业员工自杀问题的心理讲座中，主讲嘉宾用一个故事开场："一天，一家公司的领导找到我，还掏出几张纸，上面列着公司所属工厂一批自杀者的名单，其中大多数是因恋爱问题处理不好而走上绝路的。他请我帮个忙，去他公司做个心理讲座。今天，我出现在这里，就是为了和大家谈谈这方面的问题。"

这个故事就很简短，但很能吸引大家的关注，让大家认识到问题的严重性。

那么，多长的故事才叫短小精悍呢？一般来说，能在一两分钟内讲完的故事，都符合短小精悍原则。有些故事短小到只有几句话，或只是讲述自己的某个小经历。当然，我们也不能为了一两分钟讲完一个故事，而刻意加快语速或掐掉故事的重要情节，那样也不会产生好的表达效果。

（3）**故事要发人深思**

在表达中讲故事是有目的的，比如发人深思，使人明白某个道理；促人思考，从而认同你的观点。因此，故事最好有寓意，蕴含较为深刻的道理，这样才容易引起听众的共鸣。

比如，在《救救孩子》这篇演讲中，演讲者周光宁讲道：

"去年 5 月 24 日的《新民晚报》披露了这样一个事实：一个四年级的小学生，每天要带父母亲手剥光了蛋壳的鸡蛋到学校吃。有一次，父母忘了给鸡蛋剥壳，差点憋坏了孩子，他对着鸡蛋左瞅右看，不知如何下口。结果只好原蛋带回。母亲问他怎么不吃鸡蛋，回答很简单：没有缝，我怎么吃！"

周光宁通过讲述小学生不会剥鸡蛋的故事，引起了听众深刻的思考。故事短小精悍又紧扣主题，能够很好地表达演讲主题。

再比如，某公司一位中层干部和清洁工发生口角，最后大打出手。公司领导在对这位干部进行批评教育时，讲了一个小故事：“一只兔子向狮子下战书，要与狮子一决高下，狮子拒绝了。一旁的黑熊不解，就问狮子为什么不接受挑战。狮子说：如果我接受挑战，兔子就会得到‘曾与狮子比武的殊荣’，而我呢，只会被大家耻笑‘竟与兔子打架’。”

故事讲完后，领导语重心长地对这位干部说：“你的能力和影响力有目共睹，何必与清洁工一般见识呢？这样只会降低你的威信，影响你的形象。”这番话立刻让中层干部认识到自己的错误。

用狮子与兔子打架来比喻中层干部与清洁工发生冲突，这与沟通主题十分吻合。故事讲完，其义自见。而且把寓意蕴含在故事中，效果比直接提出劝说和忠告要好得多。

（4）**故事要抒发情感**

人都有感情，带有朴实而深沉感情的故事有很强的代入感，很能引起听众共鸣，从而达到很好的表达效果。因此，有时候为了表达某种情感和情怀，我们可以借用能够抒发情感的故事。

1962年，82岁高龄的美国五星上将道格拉斯·麦克阿瑟回到西点军校。看着眼前的一草一木，他浮想联翩，仿佛又回到了青春时光。在受训仪式上，他发表即兴演讲：“今天早上，我走出旅馆的时候，看门人问道：将军，您上哪儿去？一听说我到西点军校时，他说：那可是个好地方，您从前去过吗？”

这个故事的语言朴实无华，情节极为简单，但却饱含深情。它既说明了西点军校在人们心中有很高的地位，能够唤起听众强烈的自豪感，又表达了麦克阿瑟对西点军校的深情眷恋。

最后，要提醒大家的是，在讲故事之前，无须刻意提醒听者：“现在我给你讲个故事！”“我给大家讲个故事吧！”讲故事最好发生在不经意间，不要给人一种刻意的感觉。关于这一点，我们可以回头看看上面建议中的故事，看看人家是如何直接讲故事的。

巧比喻妙比方，让抽象的东西活灵活现

回忆一下，当你的朋友旅游回来，有没有给你讲过旅游经过？为什么他讲的东西能吸引你？再回想一下，你在高中或大学的课堂上听课，有些老师和教授的声音堪比催眠药，他们所讲的抽象理论是不是让你昏昏欲睡？

为什么两者之间差别那么大？因为前者所讲的是所经历的事情，有丰富生动的描述，还有很多比喻，所讲的内容是能让人想象到，能让人“看到”的，是活灵活现的；而后者所讲的是深奥的理论，是干巴巴的数字和枯燥的公式。

所以，在表达的时候，不妨多作比喻、多打比方，就像在写作文的时候，多用比喻修辞手法一样。它能把枯燥的东西描写得有趣，把抽象的事物描写得生动，把深奥难懂的问题表达得通俗易懂。最终，实现简单表达、高效沟通的目的。

战国中期著名的思想家、政治家惠子，是个特别喜欢作比喻、打比方的人。有人对梁王说：“惠子说话喜欢打比喻，如果大王不让他打比喻，他就不会说话了。”

梁王听后决定一试，他对惠子说：“希望以后你说话时不要打比喻了。”

惠子说：“假如有人不知道‘弹’是什么，您告诉他‘弹’就是‘弹’，他能明白吗？”

梁王说：“当然不明白。”

惠子说：“我要把我知道的事物告诉不知道这个事物的人，您说不打比喻

行吗?”

梁王说：“当然不行。”

原本梁王不让惠子打比喻，可惠子悄无声息地打了一个比喻，说服了梁王。

打比喻并不难，写作文的时候，大家都用过比喻手法。它是一种较为书面化、艺术化的说法。相对而言，打比方更贴近生活，更多地运用于日常沟通中。通过贴切的比喻和比方，可以让你的表达充满画面感，带给听众视觉感，从而便于听众理解你的意思，更容易打动听众。

下面，我们就来着重讲一讲怎样在沟通中运用打比方的手法，从而实现简单表达。

（1）**用实物打比方**

单纯的数字或某个概念是枯燥的，也不容易理解。如果你只告诉别人一个数字或一个概念，别人可能没什么感觉，不知道这个数字有多大，属于什么水平。例如，两万公里有多长？对于这个数字，很多人都没有感觉。

但如果你告诉别人“这个距离差不多等于绕地球半周”，那么，对方的脑海里马上会浮现出浩瀚的宇宙世界，地球正在转动。这不仅画面感十足，仿佛还看到了这个距离，而且对方马上就能明白：两万公里这么长啊！这就是用实物打比方来说明数字所达到的效果。

用实物打比方说明数字时，通常有两种打比方方式：

①用缩小的方式打比方。在用实物打比方说明数字或某个概念时，缩小法是比较常用的。即把一个大数字缩小到一个人们熟悉的场景中，从而使人们更好地理解这个概念。比如，“每年有5.6万名女性死于心脏疾病”，5.6万是什么概念呢？我们可以打个比方：“5.6万人远超过了一个网球场的容纳人数”，这样听众就很清楚5.6万这个数字的概念了。在这里，就是把5.6万人这个大数字，缩小到网球场这个小的场景中来，以达到耸人听闻的效果。

②用放大的方式打比方。在用实物打比方说明数字或某个概念时，还可以把数字转化为一个放大后的实物。例如，公司CEO说：“我们发现了公司某个环节上的成本浪费问题，这个问题会导致公司每年损失350万元。350万

元是什么概念呢？它可以购买30多辆普通家用小轿车。如果把这笔损失弥补了，公司一年后给大家每人发一辆车好不好呢？所以，我们绝不容许这个错误发生。”在这里，就是把350万元这一笔钱，放大为30多辆车，以说明成本浪费的可怕。这比空讲节省成本的重要性更能让人接受。

（2）**用事物打比方**

除了用实物打比方说明数字或某个概念外，我们还可以用事物打比方说明数字或某个概念。实物和事物是不同的，实物是具体的实体性的东西，而事物可以指具体的东西，比如，一项运用、某个职业、一种生活常识等。

例如，“我们这个月的销售业绩提升了40%，就好比菲尔普斯的400米蝶泳成绩缩短了3秒”。如果不运用打比方，别人可能不明白这个销售额提升40%到底难不难，属于多大的成绩，而通过和菲尔普斯400米的蝶泳成绩对比，别人马上就会意识到：这简直是一个奇迹。

因为菲尔普斯的蝶泳成绩一下提高3秒，几乎是不可能发生的事情，或者说要通过很长一段时间的训练才能实现的事情。在这里，400米蝶泳成绩就是一个常识性的事物，用它来说明销售业绩的奇迹般提升，是非常贴切的比方。

无论是用实物打比方说明某个概念，还是用事物打比方说明某个概念，其实代表的是用具体事物说明抽象概念。在用实物打比方说明数字的时候，要注意：

①实物一定是对方熟悉的，最好是见过的。比如，有人问你：“10个平方米有多大？”你可以说：“一辆普通小轿车占地面积那么大。”小轿车随处可见，你这么一说，对方肯定就大概明白了。

②实物与数字或概念之间的对比，要大致相当，切勿相差太大。否则，就违背了表达的精准性原则。比如，你说两万公里等于绕地球一周，或者说10平方米是一辆中巴车的占地面积，那就不准确了。

③用来比方的两个对象要有高度相似性。销售业绩的提升与蝶泳成绩的提高，属于不同的事物，但又有高度相似性，都是提高，而且是奇迹般的提高，因此，这样的表达就是非常准确的。

画个草图，提升你“纸上谈兵”的能力

在与人沟通中，你是否遇到过这样的情况：

你以为和客户达成了共识，可当你拿出作品时，客户却说：“这不是我想要的！”

你以为下属理解了你的意思，可当下属执行任务后，你却发现他白忙活了一场。

你认为自己已经讲得很清楚，可对方还是不明白你的意思，沟通陷入了拉锯战。

……

鉴于这些情况经常出现，沟通也就被很多人视为世界上最困难的事情。面对这种现实，我们应该思考：如何让别人理解我们？如何让信息同步，让沟通变得顺畅？

在这里，我要推荐一个“口头表达＋手画简图”的沟通方式。这种沟通方式可以有效地节省沟通成本，包括减少沟通所花费的时间、所浪费的精力，以及避免沟通不畅导致的误解和无用功等。它最大的好处是把你的意思具象化，让对方直观地看到你的意思，而不只是听到你的意思。这样可以实现简单、快速、有效的沟通。

“五一”即将到来，美美计划和老公、孩子去旅游。

老公问她想去哪里，去哪些景点，她兴奋地说了几个城市和若干个景点。

老公说：“听上去还不错，但假期有限，先去哪个景点，后去哪个景点，这些你都考虑清楚了吗？”

美美自信地说：“放心吧，我都想好了，第一天我们去 A 地的 a、b、c 景点，第二天去 B 地的 d、e、f 景点，第三天……第四天回家休息。”

“有点乱，要不这样吧，我拿出纸和笔，咱们画个草图，设计一个最优化的行程和路线，你觉得怎么样？”老公建议道。

美美觉得有道理，于是拿出纸和笔，在和老公进行了一番细致的讨论后，最终画出了一个双方都满意的行程路线草图。

如果没有画草图，美美和老公能达成一致吗？或者他们认为彼此达成了一致，但事实上双方对旅游的行程理解不同。我想这种可能性是很大的。

这就像碰到有人问路，你对他说：“你往前走 500 米，右转，向前走 300 米，再左转，然后看到路口，继续右转，然后向前 400 米……”估计对方听到这里，早就糊涂了。

对方很可能一遍没听懂、没记住，再问你第二遍甚至第三遍。这时你就要给他解释，解释一遍、两遍，甚至三遍。你说累不累？你讲得累，对方听得也累。即便对方当时听懂了、记住了，很可能过几分钟就忘了，最后走错了。

如果你身上有笔和纸（或对方身上有笔和纸，或者路边有小商店，你们借个笔和纸），给对方画个路线图，对方一看就会明白了（如图 7－4 左所示）。这会大大节省沟通时间。最关键的是按照路线图走，轻易是不会出错的。

画草图的沟通技巧可以在生活和工作中广泛运用，尤其是沟通较为复杂的问题时，画个草图很容易把沟通内容具象化、形象化。在画草图时，需要注意几点：

（1）**画图不是艺术创作，而是画个简单的示意图**

所谓草图，指的是未经加工的、可商榷、供参考的大致示意图。因此，画草图不是艺术创作，你也不用担心画得不好看。画个草图是简单易行的事情，每个人都能画得了。比如，几条线、几个符号、几个图形，再加几个字

（如图7-4右所示），就可以传达丰富的信息量，目的是帮助听众更好地理解你的意思。

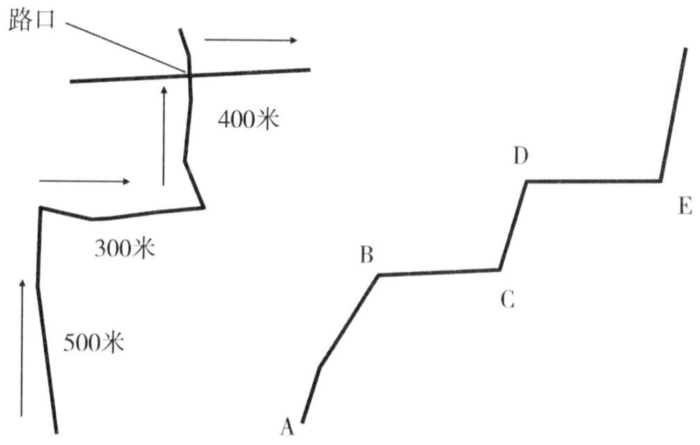

图7-4　草图示例

（2）**画图不一定用笔，随手就可以找到画图工具**

提到画草图，有人可能担心：“我不可能总是随身带着笔和纸吧？如果没有笔和纸，我怎么画呢？”其实，画草图不一定用笔，在没有笔和纸的情况下，我们可以随手找到画图的工具。比如，找一根棍子，在地上画个草图。如果找不到棍子和画图的东西，还可以用手比画，这样也可以达到“让对方看到我们说的话”的目的。

一位推销员在向客户介绍吸尘器时说：“我们的产品是一个类似装菜的盘子那么大的圆形，里面有高科技电子设备，可以通过遥控器指挥它在你房间的各个角落吸尘。”

接着，推销员说：“我们的吸尘器小巧玲珑，一点也不占地方，就像这么大的圆饼。”说话的同时，推销员用手比画——伸出两只手，用大拇指和食指比画出吸尘器大小的圆。

（3）**画图要换位思考，要站在对方的角度去画图**

有一次，我在北京街头遇到一位问路者，对方向我打听附近的地铁站怎么走，我没有立即回答，而是走到他身边，与他并排站着，然后拿出纸和笔，给他画了一个路线图，嘴里还解释道：“先向前走，遇到路口左拐。然后向前走 200 米，再右转向前 100 米，就可以看到地铁站了。”

对方马上就明白了，拿着我为他画的草图，连连表达谢意，还说：“刚才我也问了一位路人，对方说了几遍，我也没听明白，最后对方不耐烦地走了。还是你说得清楚，特别是这张图太清楚了，谢谢你。”

福特汽车创始人亨利·福特曾经说过：“成功的秘密在于能够用他人的角度来看这个世界。”我们在说话和画草图时，也应该站在对方的角度去画图，把图画给对方看，就等于带着对方按照草图去思考、去理解我们的意思。这样的沟通效率极高。

好花也要绿叶配，好话也要体态语来补充

研究发现，一个人要向外界传达完整的信息，单纯的语言成分只占7%，声调占38%，另外55%的信息都需要由非语言的体态语言来传达。体态语言包括肢体语言和表情语言，它们具有形象性、生动性、通用性等优点，在表达和沟通中十分常见。而且由于体态语言通常只是人的下意识行为，所以很少具有欺骗性。

假如上司对下属说：“我们需要谈谈。”如果用纯文字来表达这句话，下属根本体会不到上司是什么意思。如果用口头表达，加上不同的语气、语调和肢体语言，那么上司传达的意思就一目了然了。

比如，上司快步走到下属面前，表情严肃地看着下属，然后用很强硬的语气说道：“我们需要谈谈。”试着体会一下这个情景，下属就能感知到上司的意思了——很可能上司对下属的工作不满，要批评下属一顿。

在与人交往中，我们除了运用有声语言外，还需借助于一些表情、手势、动作等体态语的表达来补充有声语言的不足，传递更丰富的信息，以达到“无声胜有声”的表达效果。

林肯当律师的时候，有一次，他作为被告的辩护律师出庭。原告的律师把一个简单的论据翻来覆去地讲了很长时间，好不容易才轮到林肯上台作辩护。当林肯走上讲台时，却一言不发。他先把外衣脱下，放在桌子上，然后拿起水杯喝了口水。接着，他又把外套穿上，然后又喝了口水。如此动作，重复了五六次。在场的人看了后，会心地笑了起来。

林肯虽然没有说话，但他那番脱衣—喝水—穿衣—喝水的动作，足以表达出对原告的辩护律师翻来覆去讲废话行为的不满。更重要的是，在场的人都明白了林肯的意思，这说明林肯的这番体态语是非常到位的。

下面，我们就来看看常见的体态语有哪些，以及分别代表什么意思。了解体态语的含义，对我们运用体态语去做简单表达和读懂别人的体态语，是非常有帮助的。

（1）**表情语**

面部表情语，指的是头部（主要是脸部）各部位对于情感体验的反应动作。面部表情不仅能给人直观的印象，还能给人比较强烈的感染力。当它与有声语言相配合时，可以极大地提高口语表达的生动性、形象性，增强表达的魅力。

法国著名作家罗曼·罗兰曾经说过：“面部表情是历经多少世纪才培养成功的，比嘴里讲的更复杂千百倍的语言。”比如：

当一个人嘴角上扬时，表示蔑视之意；

当一个人假笑时，他的眼角是没有皱纹的；

当一个人长时间地盯着对方说话时，有向对方挑衅的意味；

如果一个人始终不看对方一眼，说明他瞧不起对方，或对对方不感兴趣，甚至是反感；

如果一个人眼神有意地左右扫视了一下，说明他对对方有别的暗示，或者迫于当时的场合不方便讲出来；

如果一个人故意把视线放到别处，故意躲闪你的目光，每逢和你的目光相遇时，都匆匆地移开，说明他心里有鬼，或撒谎了，或做了亏心事；

当一个人单眉上扬时，说明他没有理解对方的意思，或心存疑惑；

如果一个人双眉上扬，说明他对对方所讲的内容很感兴趣，对对方的论断和观点感到欣喜或惊讶；

如果一个人听了对方的话，皱了皱眉头，则暗含拒绝、不赞成的意思；……

(2）**手势语**

手势语是人们在交往或谈话过程中经常用来传递信息的工具，弗洛伊德认为，“指尖是会说话的语言”。因为不同的手势语、手指语有不同的含义。比如：

当一个人用手托着下巴时，表示他在思考；

当一个人用手拍脑门时，表示他后悔、懊恼；

当一个人不停地摸脸、搓手或者咬指甲时，说明他很紧张；

当一个人摸鼻子时，说明他在说谎或者焦躁不安。

手势语在与人沟通时，如果恰当地使用，往往能增加谈吐的魅力，让你的表达更动人。

例如，林肯担任美国总统前，有一次，在公众场合有人问他有多少财产。在场的人都期待他给个具体的数字，比如，有多少万美元、有多少亩土地等。可是林肯的回答却出乎大家的意料。

只见林肯扳着手指，很认真地说：“我有一位妻子、一个儿子，都是无价之宝。此外，也租了一个办公室，室内有一张桌子、三把椅子，墙角还有一个大书架，架上的书值得每人一读。我本人又高又瘦，脸蛋很长，不会发福。我实在没有什么可依靠的，唯一可靠的财产就是——你们！”

在这个例子中，林肯扳手指的行为，恰当地表明了林肯并没有什么金银财宝，没有什么土地存款，说明林肯并不富有。在此对比下，妻子、儿子以及民众们的支持，才是他的无价之宝。

(3）**体态语**

所谓体态语，指的是用身体姿态来传递信息的肢体语言。比如，站有站相，坐有坐相，就是对一个人体姿的基本要求。如果一个人跷二郎腿，且双手抓住跷起来的腿，说明他比较固执，也表明他态度傲慢。如果一个人双腿交叉而坐，表明他对别人的意见不屑一顾。如果一个人双手双腿交叉，表明他持保留、谨慎的态度。

在认识了一些常见的体态语所暗含的意思后，我们在与人交往、与人沟通时，就要针对我们的沟通目标和沟通内容，恰当地运用有助于推进双方沟通的体态语。比如，为了促成双方达成一致，我们在沟通时就要目光注视对方，认真倾听。如果是坐着交谈，还应该保持上身前倾，以表现出对对方讲话的兴趣。

再比如，说错了话、做错了事时，既要口头道歉，也要通过体态语表达出十足的歉意。比如，面带歉意地微笑，适当低头，双手合起来，作作揖状。说话的时候，还要注意语气和语调，不宜高亢，而应低沉一些。这样别人自然会感受到你的诚意，从而愿意原谅你。

再者，运用有些体态语时，还需注意与对方合拍，以达到赢得对方好感、简化沟通的目的。比如，如果对方表情阴沉，一脸沮丧，看上去像遭受了挫折和打击，你和他沟通时就不要嬉皮笑脸；如果对方满脸微笑、热情洋溢地找你，你最好不要黑着脸，态度冷漠，对其爱搭不理。

另外，如果对方有习惯性的姿势，你也可以模仿，以让对方感受到你们是同道中人。比如，有些人坐着的时候喜欢“葛优躺”，那你不妨也跟他一样躺着交谈。有些人喜欢跷二郎腿，你也可以学着来。尤其是与陌生人交往时，模仿对方的体态语，可以快速拉近双方距离，有利于双方顺利沟通。

多举例子能让你的表达事半功倍

在与人沟通的过程中，当别人说了一段较为抽象、概括的话时，我们为了进一步搞清楚对方的意思，经常会对对方说：“你能举个例子吗？”如果对方举不出具体的例子，或举出的例子无法说明他们之前那段抽象、概括的意思，我们就有理由怀疑他们自己都没有搞清楚那段话的意思。

同理，我们在表达较为抽象的理论、观点、想法时，为了便于对方更好地理解，也有必要通过举例子的形式作具体、形象的说明。例如，你说：

“北京这几天的空气质量实在是太差了！”

“《勇往直前》这部电影真的很好看！”

“东街一家面馆的炸酱面真好吃！”

别人听了这三句话之后，只有一个粗略的概念，而不知道北京空气质量差到什么状态，不知道《勇往直前》这部电影好看在哪里，也不知道东街那家面馆的炸酱面有多好吃。

如果你用举例子的方式来表达，效果会怎样呢？我们不妨来看看：

“北京这几天的空气质量实在是太差了！汽车的挡风玻璃上积了一层厚厚的灰，拿布用力擦都擦不掉。”

“《勇往直前》这部电影真的很好看！在一次森林救火中，20位救火队员牺牲了19位，他们真的很伟大，救火场面非常感人。”

“东街一家面馆的炸酱面真好吃！肉丁已经完全浸透了酱香，闻起来香气沁人心脾，我那天一口气吃了三碗。”

对比一下两种表达，后一种表达是不是更生动形象呢？因为后一种表达运用了举例子的手法。“汽车的挡风玻璃上积了一层厚厚的灰，拿布用力擦都擦不掉”就是对“北京这几天的空气质量实在是太差了”这个概述的具体举例。有了这个举例，别人就能想象到北京天气糟糕到怎样一种状况。

在沟通中适时地举例子，有利于将对话场景化，将表达图像化。因为人的天性是偏爱图像、画面等场景的，举例说明可以将听众带入你设计的场景，便于听众快速理解你所说的内容，最终提升沟通的效率。所以，多举例子可以有效地提高你的表达力和沟通力。

事实上，只要学会四个词语，你的表达力就会获得质的提升。通过对这四个词语的合理运用，你的表达能在第一时间引起听众的关注，并让听众顺着你的思路联想到一个生动的画面。这四个有魔力的词语分别是：

（1）**“例如（比如）……”**

运用“例如”或“比如”这样的词语来举例子，是最常用的举例表达术语。在本节以及本书中，我就多次用到这种表达术语，它几乎成了我举例子时的一种表达习惯，相信也是很多人举例子时的习惯性表达术语。这种表达术语用起来很简单，当你准备举例子时，你只需说：“例如（比如）……”很自然就把具体的例子说了出来。

（2）**“设想一下……”**

“设想一下”这个短语，意在让听众按照你描述的情景展开想象，而你描述的场景就是你所举的例子。例如，在劝说民众参加义务献血活动时，工作人员虽然可以拿出种种数据来表明每天有很多人需要输血，以说明血液供应的稀缺性，但是，如果再加上这样一句话，效果往往会更好：

“设想一下，当病人需要马上输血，而血库的鲜血不够用时，这是多么危险的状况！”

“设想一下，如果我们的亲戚朋友需要马上输血，而血库的鲜血不够用时，这是多么危险的状况！”

“设想一下”就是引导听众去联想你所预设的画面，通过画面和场景来打动听众，让听众顺着你的意思去做。这就是运用“设想一下”举例子的好处。

（3）**“就像……”**

一位美国科学家在演讲中讲到探测飞船的飞行速度，他说：“飞船以 17 万公里/小时的速度飞往木星……”对于这个飞行速度，很多人都没有概念，直到他说出下一个句子：“这个速度就像你在 90 秒钟从纽约飞到圣弗朗西斯科一样。”听到这句话，听众们的脑海里就会出现一幅形象的图画。由此可见“就像”在举例子时的妙用，它能把一种抽象的概念转化为具体的、生动形象的实物，能让听众看得见、摸得着、感知到，从而促使听众清晰地理解你的话意。

（4）**“假如……”**

“假如”也是一种设想性的举例，与“设想一下”类似。但两者也有不同，前者是主观性地引导听众去想象，后者则是自然地假设一种贴近现实的情形。

在一个小型的联欢会上，有名观众问赵本山：“听说你在全国笑星中出场费比较高，一场要 1 万元，是吗？”

这是一个敏感的问题，赵本山深知不便作答，于是他说：“你的问题很突然，请问你在哪里工作？”

“我在一家电器经销公司工作。”那位观众说。

“你们经营什么产品？”赵本山问。

“录像机、电视机、录音机……”

“一台录像机要多少钱？”

“4000 元。”

“假如有人给你 400 元你卖吗？”

“当然不能卖，价格是由产品的价值决定的。”

“那就对了，演员的价格是由观众决定的。”

赵本山通过一番诱导，利用“假设”这一词语，给那位观众制造了一个“用 400 元买 4000 元的录像机”的现实场景，迫使对方按照他的思路作答。

最终，赵本山既避免了正面回答问题，又避免了答非所问，使得沟通气氛非常和谐。如果赵本山拒绝回答，或一本正经地提醒“请不要问隐私问题”，那就可能把现场的气氛搞僵，还会给观众留下不好的印象。

第 8 章

迎合：会表达的人总能让人感到舒服

与人沟通要照顾对方的感受，不能信口开河，乱说一气。否则，就很容易引起对方的反感，沟通也就很难达到目的。换言之，让人感到舒服是简单表达的重要条件之一，有了这个条件，简单表达才能实现高效沟通。所以，在沟通中适当地迎合他人，满足对方的心理需求是很有必要的。

开口之前，先看对方的脾气秉性

大千世界，人与人有各不相同的心理特点、脾气秉性、语言习惯，这些因素决定了人们对语言信息有不同的偏好。调查发现，大多数性格柔弱、悲观、内向的人，往往不善于与人沟通；而性格刚强、乐观、外向的人，往往善于与人沟通。

有趣的是，不同性格的人偏好于不同的沟通方式，只要我们开口之前摸清对方的脾气秉性，然后用对方感到舒服的方式去沟通，就很容易把沟通变成一件简单的事，最终达到高效沟通的目的。

销售员老黄是个善于沟通的人，与不同性格的客户都能聊得来。如果客户性格率直，外向善谈，老陈就用较为随性的方式与之沟通。例如：

销售员老黄："老陈，你这家伙最近忙什么呢？好久不见，也不给我打电话。"

客户陈先生："你小子怎么不给我打电话？我整天忙着卖货，我是为你打工啊，你坐在办公室里滋润得很，和老婆享清福，也不关心下面人的死活！"

销售员老黄："什么啊，真是能扯。说正经的，我们公司最近要做一个渠道奖励，我第一个告诉你。"

客户陈先生："什么好事？有话快说，有屁快放。我这里忙着呢。"

销售员老黄："瞧你这家伙，猴急猴急的！情况是这样的……"

如果遇到了绅士般的客户，老黄则用另一种方式沟通。例如：

销售员老黄："张总，您好，我是小黄啊！"

客户张经理："小黄，你好，好久没你消息了，最近公司有什么新政策？"

销售员老黄："公司最近出来了一个渠道奖励计划，我打电话就是要和您说这件事呢！"

客户张经理："还要你多关照呀，具体情况是怎样的？"

销售员老黄："是这样的……"

遇到"流氓型客户"时，老黄马上变成"流氓"，用对方喜欢的语言风格与之沟通，快速与他打成一片；遇到"绅士型客户"时，老黄马上变成绅士，说话彬彬有礼、客客气气，充分表达对对方的尊重和敬意。这就叫说话看人脾气秉性。

流氓与绅士是两种较为典型、极端的脾气秉性，除此之外，我们还会和各种不同脾气秉性的人打交道。下面我们就来详细介绍面对不同脾气秉性的人（如图8-1所示）时，怎样实现简单表达、高效沟通。

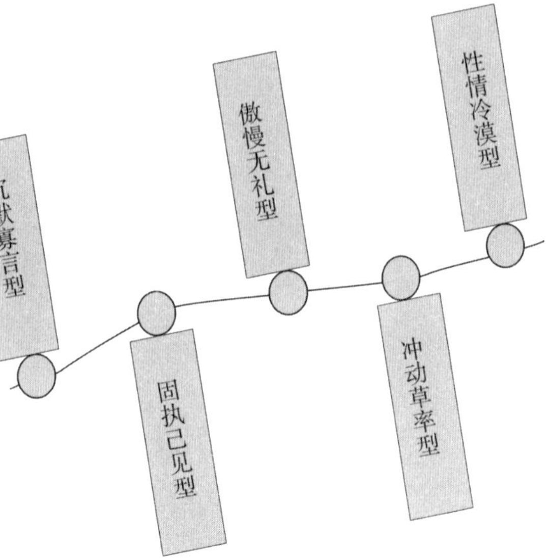

图8-1　常见的五种性格

（1）**沉默寡言型**

性格特点分析：

沉默寡言的人，一般性格内向，不善言辞，但是，这并不代表他们不说话，或有话不说。只要你沟通方式得当，也能激发他们的表达欲，从而与之顺利地沟通。

表达方式推荐：

与沉默寡言型的人沟通时，你应该放慢说话的节奏，给对方充分的思考和酝酿时间，千万不要语速太快，不断地追问或催促对方：“你的意见呢?”“快说啊!”“同不同意啊，给我痛快话!”另外，还可以从对方愿意谈的方面下手，先调动他的沟通兴致，让他和你火热地聊起来。

（2）**固执己见型**

性格特点分析：

固执己见的人，一般有着较为陈腐、传统的观念，就是我们常说的思想老套，不爱接受新事物和他人的建议、意见。他们往往自我感觉良好，刚愎自用，自以为是。

表达方式推荐：

与固执己见的人沟通时，你不要试图用你的三寸不烂之舌说服他。正确的做法是，把他工作和生活中某些错误的做法逐一扩大列举出来，再结合当下需要解决的问题，提醒他可能会产生什么严重后果。比如，“上次我劝你别投资那个项目，你不听我的，后来赔了吧！还有那次买卖，你也是不听别人劝，结果呢？这次你如果按自己的想法去做，可能会……”当你发现他的固执想法有些动摇时，再动之以情，晓之以理。

记住，如果你把该说的话都说了，对方还是固执己见，你最好不要与他争辩，不妨顺其自然，免得伤了和气。

（3）**傲慢无礼型**

性格特点分析：

傲慢无礼型的人往往以自我为中心，他们经常摆出一副盛气凌人、唯我独尊的架势，没有自知之明。他们说话、举止有些粗鲁，但他们往往也是直肠子，没有坏心思。

表达方式推荐：

与傲慢无礼型的人沟通时，你就不必计较对方粗俗的态度和举止了。你要本着“只要达成一致”“只要达成沟通目的”就好这样一种态度去沟通，有事说事，没事告辞。在沟通时长话短说，把该交代的问题交代清楚就行。如果你求他办事，还需适当认同他、吹捧他，给他戴顶高帽子。这样沟通会更顺利。

（4）**冲动草率型**

性格特点分析：

冲动草率型的人说话做事比较冲动，喜欢感情用事，有什么说什么，不会藏着掖着。

表达方式推荐：

与冲动草率型的人沟通时，要视具体事情选择表达方式。如果你向他推销产品，那么应趁热打铁，赞美他的眼光，促使客户尽快购买。比如，“真有眼光，这款产品最适合你了”。如果你想劝说他放弃某个不利的决定，可以给他泼冷水，甚至来个激将法，让他在浑然不知间按照你的逻辑走。

（5）**性情冷漠型**

性格特点分析：

性情冷漠型的人做什么都好像没激情，遇到什么事都是一副无所谓的态度，面无表情是他们的常态。他们喜怒不形于色，你跟他热情地打招呼，他可能只是不冷不热地“嗯”一声；你告诉他一个好消息，他可能只是“哦”一下。

表达方式推荐：

性情冷漠不代表没有喜怒哀乐的情绪变化，只不过没有表露出来而已。与这种人沟通，你只需把你想说的说完，没必要在意他的表情。当然，如果你有求于他，那你还需观察他的表情变化，从中分析对方的真实意图。

性格多种多样，我不可能逐一介绍。但有一条要记住，不管和什么样性格的人沟通，你都应该对对方表现出应有的尊重，有必要的话还需赞美、表达认同。因为人的天性之一是渴望得到别人的尊重、认同和赞美。

简单表达需要考虑“男女有别”

男人和女人，绝对是两种不同的物种。男人通常比较理性，喜欢讲逻辑、讲道理，搞清楚谁对谁错、谁是谁非；女人通常比较感性，更在意感觉。

女人生气时放出的狠话大多是假的，比如那句“我们离婚吧”。可男人却信以为真，之后还胆战心惊。女人在撒娇时说出的要求基本是真的，可男人却以为那是个玩笑，等到女人生气时才追悔莫及。

男人和女人，大脑的回路是不一样的。有个女人特别喜欢买花，经常拉着老公去花店闲逛。当她看到一束鲜花时，第一反应是：“哇，好漂亮的花啊！”老公的第一反应是：“这么一大束花，得花多少钱啊？”

男人和女人，追求的重点是不一样的。男人买东西，看硬件，看性价比；女人买东西，看外观，看款式，看购买过程中交谈的感觉，感觉好就愿意买。

所以，无论是在日常生活中，工作中，还是在社交活动中，我们都要时刻关注异性沟通的障碍。在追求简单表达风格的同时，一定要考虑“男女有别”。尤其当你的沟通对象是女性时，有些话题是不能随便聊的（如图8-2所示）。因为一旦没聊好，就可能引起对方的不愉快。或者你聊的问题，对方根本不感兴趣。

（1）**大龄**

年龄对于女人来说，绝对算得上是个敏感问题。尤其是一些年龄较大，还未结婚或面相看起来比较显老的女性，你问她们年龄，无异于耗子舔猫鼻——找死。

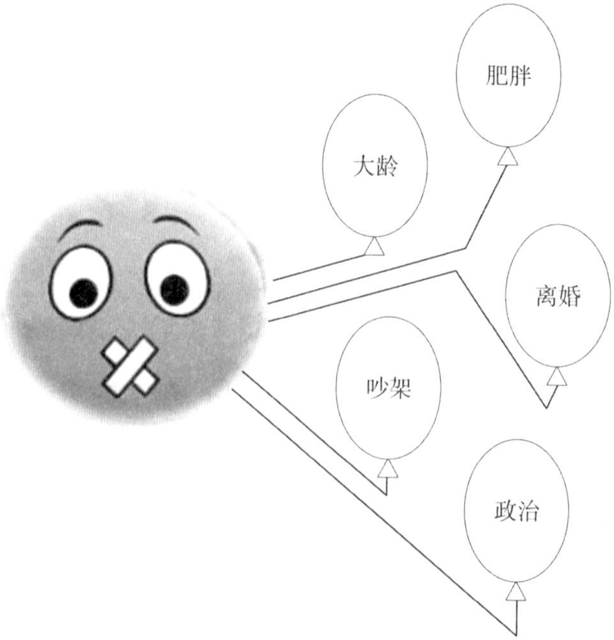

图 8－2　不能随便跟女性聊的五个话题

在一次同事聚会上，酒过三巡，菜过五味，气氛正酣。这时候问题来了，几个男同事喝酒行令，其中一位输掉了，另外几位惩罚他，让他猜身边一位女同事的年龄。当众猜女性年龄本来就是很忌讳的事情，那位男同事还偏偏把女同事的年龄往大了猜，结果闹得女同事很不开心，当场甩手而去。

对于女性年龄问题，明智的做法是：

（1）能不讨论就不讨论，因为是忌讳问题，不要去触碰最安全。

（2）如果要讨论，可以把女性年龄往小了猜，言外之意是：对方很年轻！这样对方听了自然开心。比如，对方大概 30 岁，你说她看上去只有二十三四岁，这样既不夸张，又间接地夸奖了对方年轻，容易给对方留下好感。

（2）**肥胖**

一位身材肥胖的妇人走进一家服装店，售货员对她说："大姐，你太胖了，我们这里没有你穿的衣服。"妇人刚想转身，就听见服装店老板批评售货员："你怎么竟说大实话！"妇人气得不知道该说什么好。

看见什么就说什么，这叫直来直去。说话直来直去不是不好，因为不说废话、不绕弯子，因此它是实现简单表达的一种有效手段。可是，说话直来直去要看说什么，女性反感的肥胖问题就不能直说。明智的做法是，能不讨论就不讨论；如果要讨论，也应该委婉点，比如说“有点富态”“小丰满”，这样既承认了对方胖，但又暗含“有一点点胖”的意思，对方更容易接受。

（3）**离婚**

尽管如今的离婚率居高不下，但离婚对于大多数人来说，仍然是个敏感的、不愿意提及的问题。因为一段不愉快的婚姻，就如同一个伤疤，你提起它，就像是在揭人伤疤。所以，不要轻易问别人的婚姻状况，尤其不要问女性的婚姻状况。因为万一对方说“我离婚了”，你说有多尴尬！除了离婚，还包括离异、丧偶等问题，都是不宜轻易去提的。

（4）**吵架**

说到吵架，男人和女人的表现绝对是不一样的。男人吵架时喜欢讲逻辑，女人吵架时喜欢拼气势。你看，在爱情或婚姻中，一旦男女吵架，问题就来了。男人讲了半天道理，女人还是不为所动。男人声音越来越大，女人却生气地质问：“你吼我，你竟然吼我?”对女人来说，争执的起因不再重要了，可有些男人还傻了吧唧地在讲道理的路上停不下来。所以，和女人吵架时千万别讲道理。如果你是男人，最好主动认错，表现出宽大的胸怀，接纳对方的小性子，这样彼此感情会更和谐。

（5）**政治**

几个男人在一起，多半喜欢聊点政治、民生问题，而几个女人在一起，聊的往往是穿衣打扮、教育孩子、有什么好吃的等话题。当一个男人置身于一堆女人中，面对女人谈头发、谈衣服、谈配饰、谈鞋和丝袜，感觉插不上话，但又不愿意沉默或离开时，该怎么办呢?

明智的做法是，不是硬生生地和女人们谈政治、谈社会问题，而是以她们最感兴趣的焦点中寻找话题。比如，“昨天我看到一则新闻，说美国人发明了一种新的纤维，用它织成丝袜，可以久穿不坏”。这样一句话既投其所好，又能引起她们的好奇和关注，是一句很适合用来转移话题的话。

女人是听觉动物，喜欢听别人对她好的评价。因此，和女人沟通有一个通用的策略，那就是多赞美女人，赞美她们的身材、头发、长相、穿着、孩子、丈夫等。然后，再见机行事推销产品。

男人是理性动物，喜欢分析问题，喜欢探讨逻辑。因此，和男人沟通也有一个通用的策略，那就是多来点简单粗暴的、看得见的好处。比如，向男人推销剃须刀，可以说："我们这款剃须刀有 3 个头，3 个头都能 180 度转！还有防水功效，可以全身水洗，充电 1 小时使用 2 小时，性价比超高。"

有一家公司在这方面就做得很好。如果客户是男性，就把对方拉进会议室，让他看看公司获得的同行活动的奖杯奖牌，做过的大项目，用数据、案例、图表来说服他。如果客户是女性，就不急于谈事，而是先带着她到公司转一圈，看看公司的工作氛围，看看公司全体的精神面貌，看看公司的办公环境以及墙上的手绘等。这家公司的做法值得我们借鉴。

并非所有的话都是老少皆宜的

说话不看对象，等于射击不瞄准靶子。所谓“言之有礼”，是指说话要分清对象，做到有礼有节，态度和蔼，表情自然，语言亲切，表达到位。在这方面，优秀服务员李淑贞堪称典范。她在接待顾客时，特别善于根据不同的对象，采用不同的话术。

如果乡下老大娘进店，李淑贞会热情地迎上去说：“大娘，您进城里来了，趁身子骨还硬朗，隔一段就来转转，改善改善生活，您想尝点啥？”

如果工人同志进店，李淑贞则会礼貌地说：“师傅，今儿下班，想吃过油肉，还是氽丸子？”

如果知识分子进店，李淑贞就这样说：“同志，您要用餐，请这边坐。来个拌鸡丝或滑熘里脊，清淡利口，好不好？”

对待乡下大娘，李淑贞用词通俗易懂，就像一家人拉家常一样，亲切自然。对待工人同志、知识分子这些中年人，李淑贞用词直接、爽快。这充分体现了说话要看对象的年龄。

那么，与年长者沟通和与年轻人沟通，具体有什么不同呢？

(1) **在沟通态度上的不同**

与不同年龄的人沟通，所持的态度是不同的。

①和年长者沟通应保持谦恭的态度。

常言道：“不听老人言，吃亏在眼前。”年长者在教育后辈时，经常说：“我走过的桥比你走过的路还多。”这句话并非自我吹捧，而是确实有道理的。

因为他们经历的事情比后辈多、人生阅历比后辈丰富。

因此，与年长者交谈时，保持谦恭的态度，更容易赢得对方的好感，也便于从对方身上学到更多东西。尤其是当对方是你的顾客、上级时，你更应该如此，要让他充分感受到你对他的尊重，如此你才可能达到营销和办事的目的。比如，问年长者年龄时，你可以说："您高寿啊？""老人家，您高龄啊？"

②和年轻人沟通应保持坦诚、亲切。

和年轻人交谈时，你应保持沉稳，说你该说的，同时表现出你的坦诚、亲切。当你和对方的观点不同时，你不必与之争辩，要多一点欣赏和接纳。因为年轻人容易气盛，其对抗情绪容易被激发出来。这样你更容易赢得年轻人的尊重和好感。以问年龄为例，你可以说："小伙子，你多大了？""年轻人，你哪年出生的？"如果对方年龄和你差不多，你可以直接问："你是哪年出生的？"

（2）**在遣词用句上的不同**

与不同年龄的人沟通，遣词用句是有区别的。

①和年长者沟通应多用尊称，以表达敬意。

年纪比我们大的人是长者，对他们要恭敬，因此遣词用句要表现出尊敬之意。比如"您""高寿""高龄"等词，再比如"拜读""赐教""笑纳""久违""冒昧"等词，都是常用的尊称，都能表达尊敬之意。

②和年轻人沟通可随性发挥，表达出幽默感。

如果你是年长者，当你和年轻人沟通时，就不必那么拘谨和谦恭了，在遣词用句方面，也不必讲究那么多，甚至可以随性发挥，表达出幽默感。这样更能活跃沟通气氛，让你变得和蔼可亲。尤其当你不但是年长者，而且是身份地位较高的人时，你这样与年轻人或地位较低的人沟通，更容易拉近和大家的距离。

在某行业研讨会上，会长在开场白中说："先让我这个老猴来耍一耍，然后让你们中猴、小猴耍。虽然我这个老猴耍不过你们，不过总要带个头吧！"

在场的会员都觉得很有意思，笑着鼓掌。

在这里，会长把自己比作“老猴”，把中年人、年轻人比作“中猴”“小猴”，用词得体，充分彰显幽默，营造了很好的会议气氛。首先，会长既是本次会议的最高权威，又年近古稀，他把自己比作老猴，充分表达了自谦。这与主体身份、客观对象和具体场合都比较协调。因此，可以取得妙趣横生的效果。

如果会长是个中年人，他说出这样的话，做这样的比喻就不恰当了。因为年长者听到这话，很容易心生反感，把德高望重的老者比作老猴是一种大不敬。可见，在说话的时候一定要把握好自己的身份角色，再结合具体的沟通对象遣词用句，如此方能取得好的表达效果。

(3) **在谈论话题上的不同**

与不同年龄的人沟通，谈论的话题应有所不同。

①与年长者沟通可谈论三个话题，并充分聆听。

当你的交谈对象是年长者时，你可以在了解他年龄特点的基础上，从以下三个话题谈起并充分聆听，以汲取有益的东西。

话题1：过去的辉煌事迹。

所谓过去的辉煌事迹，并不一定是惊天动地的伟业，而是指过去做出的一些成绩。比如在某个活动中获得了冠军，在工作中获得了什么荣誉等，这些事情对方往往记忆深刻，当你和年长者谈起时，对方往往会津津乐道，娓娓道来。

话题2：感触最深的话题。

回忆过去，想象现在，年长者往往有些感慨和感触。比如，时光易逝、青春易老，过去过的是什么日子、现在过的是什么日子。再比如，过去读书的情景、现在读书的情景，过去的休闲活动有什么、今天的休闲活动有什么，等等。

话题3：密切相关的话题。

所谓密切相关的话题，指的是与年长者当下的生活相关度较大的话题。

比如，衣食住行、老年人的健康保健、休闲娱乐活动等。

当你和年长者聊到这些话题后，要多引导、多提问，让他多谈论自己，然后你耐心地倾听，表达出敬意、崇敬感。这样就容易赢得年长者的好感。

②与年轻人沟通可多谈一谈新事物、新闻话题。

年轻人接受新事物的能力强，对于新近发生的新闻话题比较关注，因此和年轻人沟通时可以从这方面入手。如果你是长者，和年轻人聊天时，可以放低姿态，多问一些新事物、新名词，看年轻人对这些事物有什么看法。

（4）**在表达方式上的不同**

与不同年龄的人沟通，所持有的表达方式应该有所不同。

①和年长者沟通，要做到语言通俗易懂。

如果你是手机店的销售员，面对年长的顾客，对方说想买个照相好一点的手机，你不应该告诉他“双摄防抖”“2000 万像素”等专业名词，因为对方很可能听不懂。你应该告诉他：“这款相机拍照清楚得吓人！”有这句话就够了，然后拍几张照片给他看看。你也没必要跟他说什么“土豪金好看”，你就直接说“金黄色的大气上档次，好看”就可以。

和年长者沟通，一定要让对方听懂你在说什么，这是一种设身处地的尊重。

②和年轻人沟通，可适当使用专业名词。

相比于年长者，年轻人的接受能力强、理解力也强，接触的新事物也多，你跟他们说一些大众的专业名词，如“双摄防抖”“2000 万像素”“土豪金”等，他们大概也都明白是什么意思。这样可以省去很多没必要的麻烦，节省沟通时间，提升沟通效率。

长点心！别干扫人兴致的傻事

生活中有一类人常常被冠以“情商低”，他们说话不注意时机，不顾及别人的感受，经常干一些火上浇油的傻事。比如，一位朋友刚刚失去了亲人，正处于悲痛之中，他们却冒失地说：“有什么难过的？人都死了，跟我一起去看部喜剧片，听说很好看呢！”想一想，此话一出口，朋友的心情会怎样？

知名华人作家刘墉的《萤窗小语》中，有这样一句话：“得意人前勿谈失意事，免得毫无反应；失意人前勿谈得意事，免得予人伤害。”这就是告诉我们，说话要注意时机，要照顾别人的感受，以免引起别人的不快，也避免给自己惹来麻烦。

赵高知道自己无法和李斯正面对抗，所以，就打算借秦二世的手除掉李斯。有一次，赵高对李斯说：“现如今函谷关那边还时常有很多的起义军和盗匪，可是皇上却不关心这个事情，整天只顾着吃喝玩乐，我的身份低微，不好去劝，但您不同，您身份高贵，希望您能够劝一下皇上，改变这种状况。”

李斯说：“我也想劝皇上呀，可是一直都没有机会。”

赵高说：“以后只要看到皇上有空，就派人通知您去进谏。”

后来，每当秦二世要休息或和妃子作乐时，赵高就派人通知李斯去进谏。

这样的事情发生了几次后，秦二世非常恼怒，认为李斯是故意的。

赵高抓住机会，说了很多李斯的坏话。

终于有一天，秦二世对赵高说：“我觉得李斯对我不忠，你去查查他。”

赵高苦心设下的陷阱终于得逞了。

尽管李斯没有“扫皇上兴致”的主观意图，但由于他缺乏“眼力见儿”，认不清说话时机，看不清客观状况，才让赵高的阴谋诡计得逞，使自己在秦二世面前留下了不好的印象，最后给自己惹来了杀身之祸。

这个例子对我们很有启发意义，既告诉我们不能在错误的时机说话，也说明察言观色的能力很重要。当看到时机不对、情况不妙时，应该及时打住，抽身离开。否则，像李斯那样一而再，再而三地干扫人兴致的傻事，只会惹人厌烦，失去别人的好感。

那么，我们怎样说话才能避免扫人兴致、惹人讨厌呢？如图 8－3 所示。

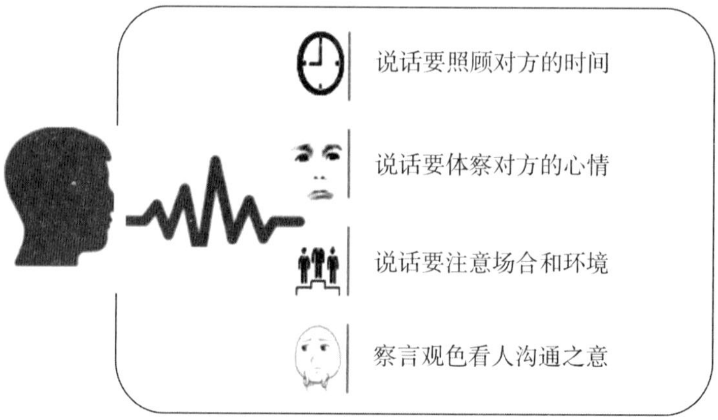

图 8－3　说话避免扫人兴致的四个要点

（1）**说话要照顾对方的时间**

你有时间天南海北地侃大山，对方不一定有时间听。你的嘴巴有表达的冲动，对方的耳朵不一定有倾听的冲动。换言之，说话一定要照顾对方的时间，看对方是忙碌还是悠闲。

怎样判断对方有没有时间沟通呢？

最简单的办法就是直接问：“你现在忙吗？方便聊聊吗？”

如果对方很忙碌，你最好换个时间与之交谈。

如果对方说：“有点忙，没关系，你说吧，有什么事？”这时你最好长话短说。

（2）**说话要体察对方的心情**

有一次，小胡和小刘刚参加完一位不幸早逝的同学的丧礼。出门时，小胡问小刘："你的事什么时候办？"小刘先是愣了一下，想了一下才明白对方的意思——小胡问的是他的婚事。但小刘沉默不答。小胡马上意识到自己说话不当，场面有些尴尬。

小胡在丧礼后问婚事，合适吗？这气氛明显不对啊，再说人家刚参加完同学的丧礼，还沉浸在哀思之中，思绪还没有完全回过来，哪有心情跟你谈自己的婚事呢？因此，说话一定要体察对方的心情。

比如，和失意的人不谈得意的事。否则，别人会觉得你在间接地挖苦、讽刺他，对你产生坏印象。和得意的人不谈失意的事，因为对方听了你的失意，至多表面敷衍几句。对方还可能误会你，以为你要向他求助，预先防备着，使你无法久谈。

再比如，对方正在焦急的时候，不要和别人交谈；对方正在盛怒的时候，不要去批评；对方正在悲伤的时候，不要去讲道理；对方正在逆反的时候，不要去说服。否则，一定会碰一鼻子灰，不但说话目的达不到，还会遭到冷遇，或激起矛盾。

（3）**说话要注意场合和环境**

有两位从小玩到大的伙伴，他们平时喜欢说些不大正经的玩笑话。比如，几天没有见面了，见面时就说："你还没有死呀？"对方也不计较，笑着说："我还等着给你送花圈呢！我死了谁给你送花圈？"然后两人哈哈一笑了事。

后来，一位因重病住院，另一位去医院看望他。见面后他想逗逗病友，又开玩笑道："你还没有死呀？"这一次对方的脸马上拉长了，气哄哄地说："滚远点，别来烦我！"

人家正在重病养伤过程中，心理压力很大，而且病房这个环境也不适合说"死"，太晦气。因此，随便开玩笑，说"你还没死呀"，人家能不生气吗？这就是典型的说话缺乏场合意识，开玩笑开错了地方引起的不愉快。

因此，说话要强化场合意识，注意说话的场合。在公共场合不宜揭人伤疤、说人短处或批评别人。比如，当众揭短就很没素质，也很容易激起当事者的反感；在喜庆的场合不宜说丧气的话，比如，在婚礼上不宜说离婚等话题；在严肃庄重的场合不宜嬉皮笑脸说笑，比如，正式谈判场合，你不能随便说笑。

（4）**察言观色看人沟通之意**

王老板正在和客户谈生意。就在谈得差不多的时候，王老板的朋友陈先生来了。他丝毫不见外，声情并茂地讲起刚才自己在大街上的见闻。王老板使劲儿地给他使眼色，示意他闭嘴。可他就像是个睁眼瞎，仍然滔滔不绝。正在谈的生意被打断了，客户有些不耐烦，对王老板说：“你先跟朋友聊吧，我走了！”王老板的生意就这样被陈先生搅黄了。

在这个例子中，陈先生就是典型的没有眼力见儿，不会察言观色，没有看出朋友当时没有和他沟通的意思，因此搅黄了朋友的一笔买卖。

生活中，不懂察言观色的人并不少。比如，有些妻子抱怨：“我老公下班回到家，就知道站在阳台上抽烟，我跟他说话，他总是用几个字敷衍我，真没劲！”其实，丈夫抽烟、几个字回应，表明他没有沟通的意思和意愿，如果换个时间，比如，吃饭后聊聊，也许丈夫就不那么冷淡了呢！

很多人不习惯直接拒绝别人，明明时间很晚了，不想别人久留，嘴里却说：“要不你再喝一杯茶吧！”明明没空，嘴里却说：“我不忙，你有什么事尽管说！”因此，在和别人沟通过程中，需要不断地察言观色。如果对方眼神飘忽不定，或低头抠手指，心不在焉，或频频看表，说明他时间紧张，或没心情和你交谈。这个时候，你应该长话短说，尽快结束谈话，以免耽误别人过多时间。

一口一个专业术语，小心没朋友

曾在网上看到一篇文章，讲的是教程序员如何装酷。该文章讲道：很多人认为程序员就是修电脑的，或是只会玩电脑的宅男。作者想教程序员优雅地装酷，好让外行的小白对他们刮目相看。其中有一条装酷指南就是：能说专业术语尽量别说人话。这样可以轻松地把别人唬住，让别人觉得他们特别高深、专业，从而获得别人敬佩的目光。

看到这里，我突然很想笑。作者把满嘴专业术语列为装酷指南，还美其名曰“优雅”地装酷，却不知，装酷的结果是让人更不了解程序员，也让人更不想去了解。为什么？我们不妨换位思考一下，假如与我们聊天的是程序员，对方一口一个专业术语时，我们听得云里雾里，完全不懂他在说什么，哪还有兴趣和他聊下去呢？

我的朋友老万没上过大学，也没进修过装修方面的专业课程，完全就是装修行业的小白。可就是这样一个不懂装修专业知识的外行人，却开了一家装修公司，而且把公司经营得红红火火。

有一次，我和几个朋友吃饭，老万也在。席间，我开玩笑地问他：“你一个外行，是怎么管理一群内行下属的？又是怎么把公司经营起来的？”

老万说：“我哪有什么秘诀，我不过是要求大家做到一点：每个装修方案，不论多么专业，多么高大上，必须先让我听明白。只有先让我听明白了，才能讲给客户听。如果我都听不明白，那我的客户肯定也很难明白。因为我和大多数客户一样，都是外行。”

几位朋友听了老万的这番话，纷纷表示认同。其中，刚乔迁新居的朋友阿华就说："老万啊，你这番话让我感慨颇多啊。我去年装修房子，就被装修公司忽悠了。虽说装修的效果还不错，但花费严重超出了预支。要是去年就认识你，找你公司给我装修多好啊！"

"怎么被忽悠的？"老万关切地问。

"就是出方案的时候，装修公司的业务经理给我讲了一堆我听不懂的专业术语，什么清包、半包、全包，什么软装、整装啊，我当时糊里糊涂的，还傻傻地认为专业的装修公司就是不一样。于是就没想那么多，全权交给他们去办了，可结果……"

"结果，全是坑吧？"老万顺势接道。

"就是嘛！"

"你碰到的这种情况，在我公司是决不允许发生的。我们公司的任何一个装修方案，要想通过必须先说服我。这就相当于把我当成公司的客户进行一次方案讲解，不仅要让我听得明白，还要听得舒服。这样客户也就听得明白，客户心里也才踏实。我们决不允许员工用专业术语去装×，去显示自己多么专业。让客户听得明白，听得舒服，才是我们专业性的体现。"

"说得好，确实是这么回事！"几位朋友再次表达了强烈的认同。

这个故事告诉我们，沟通的时候一定要考虑对方的接受程度，迎合对方的需求，照顾对方的感受。具体来说，可参考以下三点，如图8－4所示。

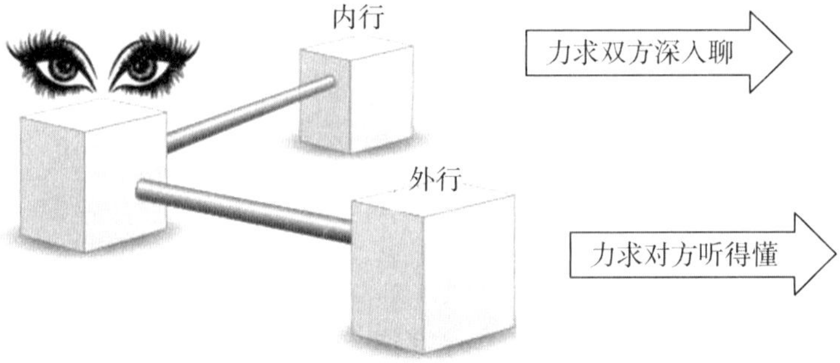

图8－4　对待不同对象有不同的表达目的

（1）**判断对方是外行，还是内行**

很多时候，我们懂的方面别人不一定懂，我们用专业术语去表达，别人可能不明白。这就会直接影响沟通质量。所以，不论是与客户谈合作，还是与同事谈工作，或是与朋友乃至陌生人聊天，我们都应该考虑对方是外行还是内行。怎么判断呢？

①从对方的需求上来判断。对方找你帮忙，所求的事情是你擅长的，那么大多数情况下，你就是内行，他就是外行。

②从对方的提问上来判断。在沟通中，当对方对某个问题表示不解，然后会提出问题时，说明他在这个问题上是外行。

③从对方从事的工作、人生经历上来判断。对于较为熟悉的朋友，你可以根据他的工作经历和职业及所在的行业来判断他是内行还是外行。

（2）**和外行人多讲“大白话”，力求对方听得懂**

要想实现简单表达，在最短的时间内达到最好的沟通效果，我们就要学会看人说话。如果对方是外行，那么我们跟他的沟通目的就朝着“让对方听懂”去努力，即力求让对方听懂我们的意思。这个时候，最忌讳的就是满嘴专业术语，而要多讲大白话，否则只会让人犯迷糊，甚至招人烦。在这方面，爱因斯坦就是高手。

有一次，一位老太太问爱因斯坦：“听说你发明了相对论，究竟什么是相对论？”

爱因斯坦是这样回答的：“你和最爱的人坐在炉子旁，1 个小时很快就过去了，就像过了 5 分钟。如果你一个人孤独地坐在火炉旁，只过了 5 分钟，你却觉得像是坐了 1 个小时，这就是相对论。”

老太太听了这番解释，马上就表示明白了。

高深的理论被爱因斯坦的两三句大白话讲透了，这就是简单表达。

再比如，有个守门员生病了，教练找了个小时工来代替他。教练对小时工说：“这个球网很贵，如果你让球碰到了网，把网弄脏了或是弄破了，我就扣你的工资。”

这位教练的话说得很有水平，简单明了，通俗易懂，很有效果。如果他对小时工说“球进网了我们就会输”“一定要守好门”等，给小时工讲一堆比赛精神，小时工很可能没什么感觉，不会把他的话当回事。要知道，小时工最在乎的是工资，你只要跟他说“做不好扣工资”，他肯定会尽最大努力做好工作。

（3）**和内行人多讲专业术语，力求双方深入聊**

我们强调不要一口一个专业术语，并不是否定专业术语在表达中的作用，而是说要看对方的接受能力。如果对方也是内行，甚至比我们还精通，这个时候，我们的沟通目的就要朝着“双方深入聊”去努力。这时我们就没必要用一堆大白话去解释某个专业知识，把时间浪费在解释专业术语上。而要直接讲专业术语，用专业名词去表达，因为对方听得懂这些专业术语。这样能保证沟通效果，达到简单、高效的沟通目的。

认真倾听是对他人最好的迎合

张涛性格活泼外向，喜欢结交朋友，和谁都能聊上话。可是，大家都不愿意跟他聊。为什么会这样呢？

原来，每次他只要一开口就停不下来，别人想说话都没机会。不管对面是熟人还是陌生人，他都大聊特聊自己的故事。既不关心别人爱不爱听，也不察言观色，去体会别人在听他滔滔不绝地讲话时的感受。

有些人想转移话题，但张涛会立即把话题再次拉回到自己身上。比如，别人说："我老婆说我最近精神变差了……"此话一出，张涛快速打断："我前段时间精神也不好，但是我最近看上去还不错吧？我每天坚持睡前喝一杯牛奶，隔一天打一次羽毛球……"

就这样，别人根本没机会说话，自然就不愿意和他聊了。

沟通是一个双向互动的过程，一个人太喜欢说话，而不喜欢听别人说话，是不可能和别人有效沟通的。理由有三：

首先，不懂得倾听别人，总是霸占发言权，不给别人发言权，是特别不礼貌的行为，意味着不重视对方的感受，会让对方感到十分不快。试想一下，如果你想发言，却总是被别人堵住嘴巴，你会不会憋得难受？或者别人虽然在听你说话，但你说了什么他却浑然不知，你会不会觉得有一种被忽视的感觉呢？

其次，不懂得倾听别人，就不知道别人的想法。在这种情况下，你自顾自地喋喋不休，那是自说自话。如果是日常闲聊、闲扯，那倒也没什么。可如果和别人谈论工作，就根本不可能谈出双方满意的结果来。

最后，不懂得倾听别人，太爱自己发言，就意味着你的话太多。你哪有那么多话呢？很可能说了很多废话，背离了简单表达的原则，这样的说话风格惹人讨厌是必然的。

对照这三个理由，再回去看看张涛聊到没朋友，也就不足为怪了。

被世人称为“世界上最伟大的推销员”的汽车推销员乔·吉拉德说过这样一句话：“世界上有两种力量非常伟大，其一是倾听，其二是微笑。你倾听对方越久，对方就越愿意接近你。据我观察，有些推销员喋喋不休，因此他们的业绩总是平平。上帝为什么给了我们两个耳朵一张嘴呢？我想，就是要让我们多听少说吧！”

乔·吉拉德为什么明白多听少说的道理呢？他曾经因为不懂得倾听得到过深刻的教训。有一次，乔·吉拉德花了近一个小时才让一位顾客下决心买车。可是在带顾客去办公室签字的路上，顾客提起自己的儿子考上了普林斯顿大学，将来会成为一名医生时，乔·吉拉德心不在焉，反应平淡，满是敷衍。顾客感到自己被忽视了，当即离去。

第二天，当乔·吉拉德跟那位顾客通电话时，对方却不冷不热地说：“我已经从那个倾听我、欣赏我的推销员那里买车了。当我提到我儿子时，他非常认真地听着，脸上充满了对我的羡慕，他说他如果有这样的儿子一定会很骄傲，和他聊天我心情非常愉快。”

谁不希望得到别人的尊重、重视、欣赏和肯定？当我们专心地听别人讲话，并做出感同身受的回应时，对方就会有一种被尊重和重视的感觉，对方和我们的距离就会拉近。迎合别人、赢得别人的好感就这么简单。通过认真倾听，可以帮我们省去很多不必要的废话，快速和别人建立关系，从而实现高效的沟通。那么，怎样倾听别人才能达到这种效果呢？以下几点值得注意，如图 8－5 所示。

(1) 不要无动于衷，而要有所好奇和回应

有些人听别人说话时，既没有言语上的回应，也没有表情上的呼应。表

图 8－5　怎样才叫倾听

面上是在听，实际上心里不知道在想什么。等别人说完，他马上说别的话题，把别人刚才说的内容当成空气一样视而不见。这就叫无动于衷，这不是倾听，而是毫无诚意的敷衍，很容易引起别人不快。

正确的做法是：

在倾听的时候，要对别人说的内容表示好奇。在别人说的同时，你用“怎么回事”“怎么会那样”“后来呢”“结果呢”等简短的话进行提问，还可以用“真是太有意思了”“对啊”“就是嘛”“我也这么觉得”等简短的话做出回应，让对方知道你对他的话是感兴趣的。

（2）**不要眼神飘忽，而要和对方目光交流**

有些人听别人说话时，眼睛不看着对方，而是飘忽不定，左顾右盼。比如，看看身旁的东西，或低头倒弄小玩意儿，或手头忙活着别的事情。别人说什么，他就“嗯”一下，“哦”一下。试着体会一下，如果别人这样听你说话，你有被尊重和重视的感觉吗？你还有兴致说下去吗？

正确的做法是：

听别人说话的时候，放下手头的工作（除非特别忙，不得不边听边做手头的工作），身体面向对方，和对方保持目光接触。无论是站着还是坐着，都要和对方保持适当的距离。你的表情、你的眼神和肢体语言都要释放出倾听的信号，比如，目光聚集，时而点头，嘴角也要有所反应。这些微表情背后所反映出来的信息，对方是能够感知的。

（3）不能只听表面，而要理解话中的情感

一个人说出什么样的话，表达的是一种特定的心情，话的背后有深层次的心理感受和情感。因此，倾听的时候不能只听表面，直白地做出回应。比如，在恋爱中，女生对男生说："我感冒了，好难受啊！"这时男生往往会说："那你要注意休息啊！""你要多喝点开水！"但女生往往不满意这样的回应。

正确的做法是：

女生说感冒了，会听话的男生会说："哪里不舒服啊？有没有吃药，我给你买感冒药！"或者说："我带你去吃顿火锅，让你出身汗，把可恶的感冒赶跑，好不好？"类似于这样的回答，话里话外都表达了一种关切之情，更容易赢得对方的好感。

再比如，别人说："我终于把工作做完了，累死我了！"你可以说："现在有一种解脱感吧，是不是浑身都觉得轻松？"这就比回答"工作做完就好"更能唤起对方的共鸣。

理解对方话中的情感，还有另外一种意思，那就是听话听音，要善于捕捉对方非语言信息传达出来的感情。比如，别人说话时的表情、肢体语言、语气、语调等，都能反映对方当时的心情和感受。如果你能体会到这些，对方自然会觉得你是个懂他的人，从而对你产生好感。

用得体的结束语给交谈画上句号

与人交谈的时候，说好开场话固然重要，但也不能忽视结束语的作用。如果说好的开场白是一道开胃菜，那么好的结束语就是一碗暖胃汤，让人喝了之后感到胃里暖暖的，且韵味十足、回味无穷。

心理学上有个近因效应（前文讲到过），说的是人的记忆会受到“记忆的系列位置”的深刻影响。简单地说，就是在一件事情从发生到结束的整个过程中，开头和结尾给人的印象最深，甚至可能具有左右整个记忆的作用。而且很多时候，相比于开头，结尾给人的印象更深刻，影响力更大。

一天，赵敏到同事家串门，两人聊聊工作，顺便闲话家常几句，聊得很愉快。当他们聊得差不多时，赵敏起身告辞，礼貌地表达谢意：“谢谢你的热情相待，下次有空去我家玩吧！”

相比之下，同事的反应就没那么强烈，他只是微微一笑，说了句“有空再说吧”。等到赵敏前脚出门，同事马上就“砰”的一声把门关上了。赵敏的心里顿时升起一股凉意，心想：这和刚才的热情相待反差也太大了。

原本同事的热情相待给赵敏留下了很好的印象，可就在送客、关门的那个瞬间，一切的好感都随着“砰”的关门声消失了。为什么会这样呢？我们来分析一下深层次的原因：

首先，在赵敏表达谢意，发出邀请时，同事的反应不太积极，至少应该说句：“好啊！有空去你家坐坐！”可同事却说“有空再说吧”，虽然也算是实话实说，但多少缺点热情和串门的意愿。

其次，在赵敏出门的时候，同事应该礼貌相送，不说送客出门（现代人没这么讲究），但至少也要说句客套话："慢走啊，有空再来玩！"这一点不为过吧！别人听了，心里肯定会暖暖的，觉得主人好客。可同事并未如此。

最后，赵敏前脚出门，同事马上就关上了门，而且关门声很大。我们不说目送客人渐渐远去，至少也该等客人离开，再关门吧。否则，客人会觉得主人送客心切，觉得客人对他的到来不那么欢迎。

尽管这是一件日常小事，但小事中见人心，细节中见真情。看似普通的结束语，却能影响别人对我们的评价和看法，影响我们在别人心目中的印象。因此，如果不想一次愉快的交谈被不当的结束语搅黄了，我们就有必要掌握结束谈话的技巧。下面，我就来推荐几种结束谈话的方法，如图8－6所示：

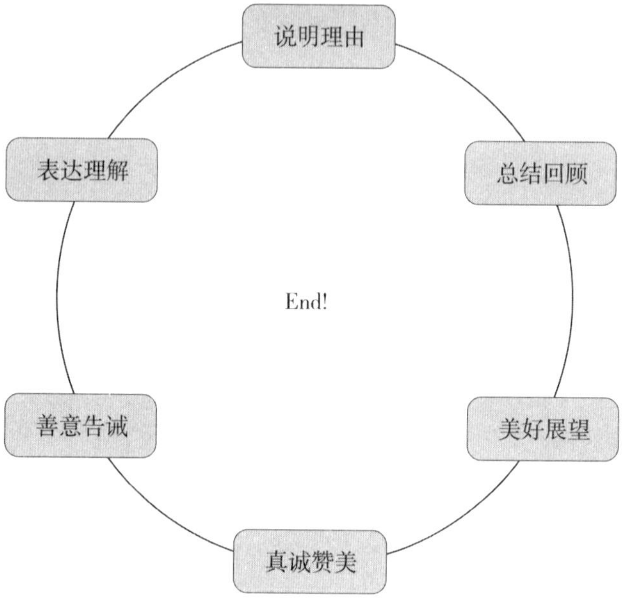

图8－6　结束谈话的六个方法

（1）**说明理由**

用说明理由的方式结束谈话，是一种坦诚的表现。说明理由，也就是说明客观原因，表明自己并非不想接着聊，而是现实情况不允许。这样能够获得别人的理解。一般来说，这种结束谈话的技巧用在对方没有觉察到你很忙，或没有看出你无心交谈时。比如，你还有工作要忙，对方却没有离开的意思，你可以说："真的很不好意思，我马上要去见个客户，必须走了，我们改天再聊，好不好？"通过"说明原因+征求意见"的口吻，表达对他人的尊重，也能赢得他人的尊重和好感。这样结束谈话就不会让人尴尬了。

（2）**总结回顾**

就像开会结束时，对会议的内容做个简单的总结回顾一样，在结束和他人的交谈时，也可以采用这种技巧，可以起到强调谈话内容的目的。比如："今天和陈经理针对项目合作的问题谈得很愉快，顺利达成了共识，真的很开心，谢谢陈经理对我们公司的大力支持！期待我们合作愉快。""今天我们谈的三个问题，一是……二是……三是……很高兴能达成共识，那我们就谈到这里吧！"

（3）**美好展望**

在结束谈话时，我们可以用一些祝福、祝愿、激励的话语表达对未来的一种展望。这种结束谈话的技巧可以让沟通达到锦上添花的效果。事实上，美好展望法是在表达赞美法基础上加了一点期待。比如："今天和你聊得太愉快了，期待下次再和你见面，到时候我们接着聊！""和你聊天，我感觉心情轻松了很多，有时间的话咱们再聚一下。"此话一出，对方的自我感觉会更好，也会对你的印象更好。

（4）**真诚赞美**

表达真诚的赞美是一种提升我们在他人心中印象的策略。比如，别人请你吃饭，目的是和你谈工作上、合作方面的事情，在谈话结束的时候，你可以说："这家店的饭菜真的很不错，如果不是等会儿有事要办，我还想在这里和你多聊聊。"你还可以说："你真是个风趣幽默的人，和你聊天很愉快！改天有空我们再聊吧！""好了，咱们聊得差不多了，和你聊天真的是一种享受，希望以后我们能经常聊聊。好了，我要走了！"

（5）**善意告诫**

善意告诫是一种委婉的、不露痕迹的终结谈话的技巧。通过善意告诫，既表达了你的忠告和劝诫，又能顺利结束谈话，避免在不当的话题上做过多的停留。比如，你不想掺和到某件事上，也不希望别人掺和，于是在别人打听或邀请你参与的时候，可以这样说："老李啊，你也是个聪明人，你不会给自己惹麻烦的，是吧？那就最好别聊这个话题，免得影响不好！"对方听了这话，想必会知趣地打住吧！

（6）**表达理解**

表达理解是一种主动结束谈话的策略。比如，当你觉察到对方没有时间或没有心情和你沟通时，你可以用表达理解的方式主动结束谈话："我看你现在很忙，也没有心情谈论我们的合作项目，那我就不打扰你了，等过几天你不忙了，我们再约！""既然家里有客人，那我就不打扰了，改天我再来串门！你好好招待客人吧，我走了！"以这种方式结束谈话，会让人觉得你善解人意、通情达理，从而给别人留下好感。